AHORRA Y SÉ FELIZ

Tomás Pulido Galán

ISBN: 978-1503321519
Impreso en EEUU

A Jessy,
por descubrirme que la verdadera felicidad
es tenernos el uno al otro.

ÍNDICE

CAPÍTULO 1:

Sin ahorro no hay felicidad

"Ningún viento sopla a favor de quien no sabe a dónde ir".

Séneca

¿Ganar más o gastar menos?

Normalmente entendemos por trabajo el empleo de nuestro tiempo en actividades que nos reportan una remuneración. Un día tiene 24 horas, de las que al menos la mitad las consumimos en tareas de mantenimiento (dormir, comer, asearnos y realizar las tareas domésticas), si al resto le descontamos las horas empleadas en el trabajo incluyendo el desplazamiento ¿realmente qué nos queda para disfrutar de la vida?

Cada día veo gente que está perdiendo su salud, en empleos que no les gustan pero les permiten tener un coche más grande que el de su vecino. Ahogados por la hipoteca de una casa que estaba por encima de sus posibilidades. O haciendo horas extra para poder pagar algún capricho que calme la ansiedad que ese mismo estilo de vida les produce.

¿Merece la pena vivir así? Lanzo esta pregunta al aire y que cada cual encuentre su propia respuesta sopesando lo que es más importante para él. Está claro que ni todos los trabajos son iguales ni todas las personas tenemos la misma actitud ante el dinero. Me refiero a una situación concreta, que es mayoritaria en la vida de muchos españoles.

La felicidad no se encuentra engordando nuestro ego, alardeando de un cierto estatus y patrimonio que suele ser sólo fachada. Ni en seguir una vida zombi donde la sociedad dicta la última moda estúpida que debes seguir y la TV aquello que debes comprar.

La felicidad se encuentra en dormir tranquilo porque no se tienen deudas. En no tener la necesidad de presumir de riquezas. En tener un colchón económico que nos permita afrontar imprevistos. En distinguir lo verdaderamente necesario y descartar lo prescindible. En tener tiempo para disfrutar de la vida. Y en trabajar en aquello que verdaderamente te entusiasma e ilusiona.

"Si haces algo que amas hacer, es más probable que inviertas todo tu ser en ello y eso generalmente significa hacer dinero".

Warren Buffett

A una sola nómina de la bancarrota

En España la mayoría de la gente vive de sueldo en sueldo. Cada mes dilapidan el 100% de su nómina, y su gasto está tan milimétricamente ajustado que perder su fuente de ingresos supondría el desastre financiero: están a una sola nómina de la bancarrota. Y sin embargo parece no preocuparles lo más mínimo ni muestran interés por cambiar su situación.

Si por alguna circunstancia del destino, normalmente ajena a una buena gestión, su economía comienza a reflotar, sufren la repentina necesidad de cambiar de coche, darse algún capricho, hacer un viaje, salir más...

No quieren ni oír hablar de bajar su nivel de vida, ni se plantean privarse de nada y ante cualquier crítica constructiva o intento de ayudarles a ver lo peligroso de su pésima situación sacan pecho y se justifican con argumentos como:

- "El dinero está para gastarlo".
- "No quiero ser el más rico del cementerio".
- "Si fulanito puede permitírselo yo no voy a ser menos".
- "Si no disfruto el dinero ahora que puedo ¿cuándo lo voy a hacer?".
- "Si lo pago a plazos ni me voy a enterar".
- "Si cambio de idea siempre puedo devolverlo".
- "Y encima está rebajado un X%".
- "Yo no miro lo que cuestan las cosas, si algo me gusta me lo compro y punto".
- "¿Hace cuánto que no me doy un homenaje?"

- "Todo el mundo tiene uno".
- "Me merezco un premio".
- "¿Para qué trabajo si no es para darme un caprichito de vez en cuando?"

Todo es cuestión de prioridades en esta vida y cada cual es libre de escoger aquello que le haga más feliz. Pero elegir significa descartar una cosa para quedarnos con otra ¿realmente sabemos a qué estamos renunciando cuando decidimos vivir al día en vez de ahorrar? Veámoslo.

Principalmente existen 4 motivos por los que deberías estar ahorrando ya:

1. Por seguridad.
2. Por una recompensa mayor.
3. Para poner tu dinero a trabajar para ti.
4. Cuestiones sociales, morales y medioambientales.

Ahorrar por seguridad

Seguramente habrás oído hablar alguna vez de la Pirámide de Maslow, que tiene como fin ordenar según su peso las necesidades humanas. Como vemos las necesidades de seguridad ocupan el segundo escalón por importancia, únicamente superadas por las necesidades fisiológicas básicas:

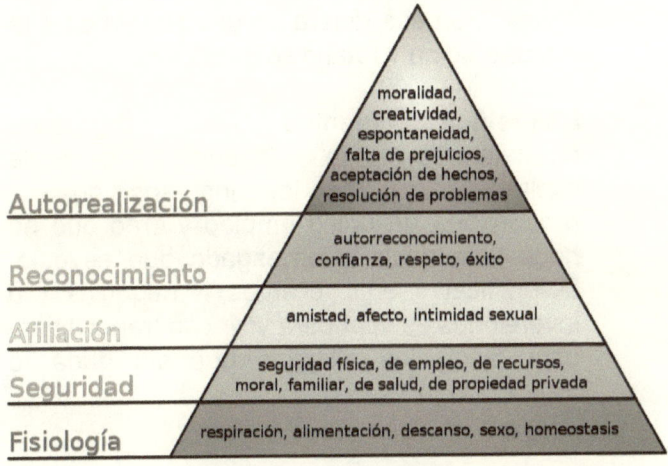

Todo el mundo estará de acuerdo en que asegurarnos el sustento de mañana, un techo propio en el que sentirnos seguros, una jubilación digna y capacidad de respuesta ante imprevistos son necesidades básicas para cualquier persona. Cubrir dichas necesidades implica necesariamente ahorrar para el futuro y por tanto podríamos decir que sin ahorros no tenemos garantizadas necesidades básicas. ¿Cómo cubrirlas? Con disciplina, previsión y organización:

✓ **Crea un fondo de emergencias:** se trata de una cantidad de dinero que sólo podrá emplearse en caso de extrema urgencia, por ejemplo si perdemos el trabajo, se avería tu herramienta de trabajo o caes enfermo. ¿Cuánto destinar al mismo? Dependerá de nuestra situación actual, capacidad de ahorro y situación a la que aspiremos. El equivalente a cubrir 3 meses de gastos podría ser un punto de partida pero con vistas a hacerlo crecer. Pon ese dinero en una cuenta de alta remuneración y total disponibilidad.

✓ **Diversifica fuentes de ingresos:** normalmente la gente depende exclusivamente de los ingresos que le proporciona un único empleo y creo que no hace falta decir lo arriesgado que es esto. Diversificar en clientes, negocios o inversiones es vital para vivir con tranquilidad, esquivando los altibajos que sin duda te traerá la vida.

✓ **Seguros:** las pólizas son una buena herramienta para cubrir desgracias altamente improbables pero que nos arruinarían la vida en caso de no disponer de uno. Por ejemplo un seguro de responsabilidad civil en nuestro vehículo es imprescindible (además de obligatorio). En el caso de los seguros destinados a cubrir contingencias más probables un buen fondo de emergencias supone un evidente ahorro a medio y largo plazo respecto a estos.

✓ **Jubilación:** ¿alguna vez has echado un vistazo a una pirámide demográfica? Resulta cuanto menos alarmante: en unos años habrá un jubilado por cada trabajador activo, y no hace falta ser muy listo para darse cuenta de lo insostenible que se volverá el pago de las pensiones entonces. No se puede confiar en la Seguridad Social ni creer que el Estado garantizará unas pensiones dignas. Es matemáticamente imposible y por tanto tu responsabilidad que desde YA comiences a planificar y ahorrar para tu jubilación. Mi recomendación: huye de los planes de pensiones y busca un ETF de baja comisión referenciado a algún índice como el S&P 500. A largo plazo la bolsa ha demostrado ser la inversión más segura y rentable.

"Alguien está sentado en la sombra hoy porque alguien plantó un árbol hace mucho tiempo".

Warren Buffett

Ahorrar por una recompensa mayor

Abrir un negocio, un viaje especial, un hogar, tener hijos, planificar la jubilación... La vida está llena de etapas y retos. ¿Querías un motivo para ahorrar? Elige el tuyo.

Dedica unos minutos para imaginar donde te gustaría estar en unos años. Establece tus objetivos a corto, medio y largo plazo, y a continuación traza tu plan de acción para conseguirlo. Calcula cuándo quieres tenerlo y cuánto tendrás que ahorrar cada mes para lograrlo.

Algunos gurús de las finanzas personales recomiendan apuntarlo en un papel o poner una fotografía de aquello que queremos conseguir donde vayamos a verlo para así mantenernos focalizados en nuestro objetivo. Si es necesario encuentra la manera de mantenerte motivado.

En este grupo también incluiría aquellas cosas que aún no sabes que quieres, bien porque aún no existen o porque aún no las conoces. Hay oportunidades que se presentan sólo una vez en la vida, y poder aprovecharlas o arrepentirte el resto de tus días dependerá de lo que hayas hecho antes.

Enhorabuena, ahora ya tienes una meta. A partir de ahora cada vez que realices un gesto de ahorro no lo veas como algo que te quitas, sino como una elección positiva que te acerca a tu objetivo.

Ahorrar para que tu dinero trabaje para ti

Con el dinero sólo se pueden hacer dos cosas: gastarlo o invertirlo (ahorrar no es sino posponer la acción durante un tiempo). ¿Pero exactamente de qué manera puedo poner mi dinero a trabajar para mí?

Podríamos definir inversión como retorno que implica cierto riesgo. ¿Existe algo más arriesgado que poner todos los huevos en la misma cesta y depender de una única fuente de ingresos? Pues mucha gente depende exclusivamente de su empleo.

Y ¿qué hay de guardar el dinero debajo del colchón simplemente, o en una cuenta en el banco? Entonces estaremos dejando que el monstruo de la inflación se vaya comiendo los ahorros que tanto nos ha costado ganar.

¿En qué puedo invertir yo? Te estarás preguntando. En este libro ya hemos mencionado 2 instrumentos de inversión: una cuenta de alta remuneración y total disponibilidad para nuestro fondo de emergencias y un ETF de baja comisión referenciado a un índice de bolsa para los ahorros de nuestra jubilación. ¿Pero qué más opciones existen? Podríamos clasificar las diferentes posibilidades de inversión en 4 grupos:

- ✓ **Negocios:** compra, venta y gestión de negocios propios o franquicias.
- ✓ **Ladrillo:** compra, venta y alquiler de viviendas, garajes, locales, naves y terrenos.

- ✓ **Ideas:** comercialización de propiedad intelectual, como inventos, música, libros, software, etcétera.
- ✓ **Papel:** compra y venta de acciones, futuros, deuda pública, fondos de inversión y depósitos bancarios.

Ahora se trata de identificar qué tipo de inversión se adapta a tu perfil, qué campos conoces mejor o en cuales puedes aportar valor. Determinar el riesgo a asumir, diversificar y poner tu dinero a trabajar. Obviamente esto no es para todo el mundo y si no estás preparado o no dispones de los conocimientos necesarios lo mejor será descartarlo por el momento y seguir instruyéndote. Se trata de invertir, no de jugarte un dinero.

"Nunca dependas de un solo ingreso. Haz una inversión para crear una segunda fuente".

Warren Buffett

Cuestiones sociales, morales y medioambientales

Cuando millones de clientes no se plantean cambiar de banco a pesar de que éstos les cobran una ingente cantidad de comisiones (aun existiendo una alternativa igual de válida que no las cobra) lo que estamos haciendo es mandar la señal de que estamos de acuerdo en pagar esas comisiones con tal de no mover el culo de la silla para cambiar de banco, de modo que éstos no se plantearán reducirlas, al contrario.

Con cualquier producto o servicio ocurre lo mismo. Los consumidores tenemos el poder (y yo diría la obligación moral también) de buscar la mejor relación calidad/precio porque así es como las empresas se ven obligadas a competir, a ser más eficientes, a escuchar y ofrecer lo que demandan los clientes y a desterrar viejos modelos para inventar el futuro.

Tus decisiones influyen en la formación de precios. Y todo esto repercute positivamente tanto a consumidores como empresas. Premiando a los negocios que lo merecen, y 'castigando' u obligando a evolucionar a los otros. Buscar la mejor relación/precio no sólo te beneficia a ti, sino a toda la sociedad.

Después vendrían las cuestiones morales y medioambientales, pero esas se las dejo a cada uno. Este libro tiene como objetivo ser práctico, no moralista.

No te preocupes ¡ocúpate!

1. Asume tu responsabilidad

A lo largo de la vida adquirimos hábitos. A base de repetir acciones terminamos haciéndolas por inercia. Este libro trata de desterrar aquellos hábitos que te perjudican y adquirir otros positivos. Pero el tipo de disciplina necesario es tan grande que muchas personas les resulta más agradable quejarse y llorar o cerrar los ojos ignorando que se camina directo al abismo que pagar el precio que requiere hacer las cosas bien.

2. Céntrate en aquello que puedes cambiar

Quizás pienses que en tu empresa no te pagan lo que deberían. Que todo está más caro desde que entramos en el Euro. Que la crisis es culpa de la política del Gobierno. Que la vida está muy difícil. Que tu situación financiera es producto de la mala suerte. Puede que tengas toda la razón del mundo, pero si concentras tu energía en buscar culpables en lugar de soluciones no avanzarás.

De niños justificamos nuestros resultados escolares diciendo "he aprobado" o "me han suspendido", otorgándonos el mérito de las buenas notas y desvinculándonos de las malas. No actúes como un niño. No dediques ni un segundo de tu tiempo en aquello que no está en tu mano cambiar, y centra tus esfuerzos en aquello que sí.

"No encuentres la falta, encuentra el remedio".
Henry Ford

3. Nunca es demasiado tarde

Otro factor que también conduce al inmovilismo es obsesionarnos por las malas decisiones del pasado. Por un lado tienes tu situación actual, producto de lo que hayas hecho hasta ahora. Pero por otro, tu situación futura y lo que vas a vivir, que depende de lo que hagas a partir de ahora. Pon tu vista en el presente aplicando lo aprendido en el pasado, y siembra para disfrutar de un próspero futuro.

4. Tú peor enemigo eres tú mismo

Ahorrar no es para débiles de mente. La tentación está ahí fuera y seguirá estando cada día. Encontrar la motivación para renunciar a la satisfacción inmediata a cambio de una recompensa mayor implica cambiar tus viejas ideas, requiere tu pleno compromiso y determinación, y es condición *sine qua non* que deje de importarte la opinión de los demás sobre tu vida y comiences a dirigirla hacia donde tú deseas estar.

"Tanto si piensas que puedes, como si piensas que no puedes, estás en lo cierto".
Henry Ford

CAPÍTULO 2:

Ahorra y sé Feliz

(El Método)

"Quien vive con más desahogo no es el que tiene más, sino el que administra bien lo mucho o poco que tiene".

Ángel Ganivet

Ser más rico y feliz, sólo depende de ti

Es de Perogrullo pero hay que decirlo:

Riqueza = lo que ganas - lo que gastas

Riqueza es ahorro y para incrementarla tienes dos opciones, ganar más o gastar menos. Lo recomendable es actuar sobre ambas variables, si bien gastar menos es algo en lo que puedes actuar de forma más inmediata mientras que aumentar ingresos suele llevar más tiempo y esfuerzo.

Por tanto la riqueza es aquello que no se ve. El coche que NO compras, la ropa que NO compras, las joyas que NO compras, los caprichos que NO compras...

Ser rico no es jugar al golf, tener gustos caros, una mansión y una colección de coches en el garaje. Al contrario. "Un tonto y su dinero no permanecen mucho tiempo juntos". Ser rico consiste en gastar menos de lo que ingresas y adquirir activos para que sea tu dinero el que trabaje para ti hasta alcanzar lo que se llama la *'independencia financiera'* que significa ser rico en tiempo y dinero.

Esa libertad, seguridad, tranquilidad y riqueza de tiempo, vale más que todos los Rolex del mundo.

¿Tener más dinero me hará más feliz?

El dinero no es malo ni bueno, es un vehículo, un medio. Quien lo tiene puede disponer de un abanico más de posibilidades, buenas y malas. No es un numerito en la cuenta del banco lo que contribuirá a tu felicidad, sino la forma que tengas de emplearlo y el sacrificio en tiempo y salud que suponga ganarlo.

Mucha gente gasta su dinero en cosas que luego les demandan tiempo y preocupaciones. Otros terminan arruinados a pesar de haber tenido al alcance de su mano la prosperidad económica garantizada de por vida.

Es el caso por ejemplo de Callie Rogers, quien con 16 años ganó en la lotería un premio de 3 millones de euros y sólo 6 años más tarde ya estaba en la bancarrota. Tras unos cuantos desengaños y despilfarros en fiestas (llegó a gastar 400.000 euros en cocaína) ahora afirma que desearía no haber ganado jamás ese premio.

Más ejemplos. El rapero M.C. Hammer ganó 30 millones de dólares con tan solo un éxito, su canción "U can't touch this". Cuando llegó a la cúspide contaba con una mansión de 12 millones de dólares, 17 automóviles de lujo y 250 empleados. En 1996 después de una serie de episodios lamentables se declaró en bancarrota: debía 13.7 millones de dólares.

El dos veces campeón de los pesos pesados Mike Tyson, llegó a ganar a lo largo de su carrera unos

400 millones de dólares. La velocidad y potencia de sus puños solo es igualable a su capacidad para derrochar: una mansión con 5 suits, cancha de baloncesto, piscina cubierta y jaulas para sus tigres bengala. En 2004 se declaró en bancarrota con una deuda de 23 millones de dólares.

El comportamiento de estas personas es, llevado a su extremo, exactamente el mismo que el de la mayoría de personas al recibir su paga extra, la devolución de hacienda, un aumento de sueldo, una herencia o cualquier dinero extra imprevisto: inmediatamente sus necesidades de gastar parecen aumentar en la misma medida que sus ingresos.

Quizás hayas oído hablar de la Ley de Parkinson. Se usa comúnmente en referencia a la utilización del tiempo. Cuanto más tiempo te dan para realizar una tarea, más tiempo empleas. Sin embargo cuando sólo tienes 20 minutos, es increíble la cantidad de cosas que te da tiempo hacer. Pues la mayoría de la gente trata el dinero de la misma manera.

¿Qué moraleja podemos sacar de estas historias? Quizás que quien tiene mentalidad de pobre la seguirá teniendo aún con 30 millones en su cuenta bancaria, y el que es infeliz sin dinero probablemente también lo sea con dinero a pesar de las muchas puertas que éste puede abrir.

El dinero puede contribuir a tu felicidad en la medida que tus ahorros aporten seguridad y tranquilidad en tu vida. El consumismo, el despilfarro, la ostentación, y la falta de control y planificación son siempre el camino en la dirección opuesta.

El secreto de la felicidad

Las personas perseguimos objetivos para sentirnos bien: el reconocimiento laboral, seguridad económica, un cuerpo diez, o la pareja ideal. Sin embargo no son esas cosas por sí mismas lo que queremos, sino el estado de ánimo en que nos encontraremos al conseguirlo.

Piénsalo. Cualquier cosa que quieras en la vida lleva asociado un estado de ánimo positivo. No es una pareja por si mismo lo que queremos, sino los sentimientos de amor, de conexión, de intimidad, de magia...

Ponerse objetivos y luchar por ellos es imprescindible, pues como dijo Séneca cuando uno no sabe a dónde quiere llegar por norma general no se llega a ninguna parte. Pero es un engaño a nuestra capacidad innata de ser felices creernos que necesitamos esa casa, ese coche, ese trabajo o esa pareja, y que una vez lo tengamos ya entonces nos sentiremos bien.

¡No! No busques conseguir para ser feliz. No pongas condiciones a tu propia felicidad. Decide invertir el proceso y ser feliz mientras consigues.

Para salir del hoyo lo primero es dejar de cavar

Me hace gracia cuando en algún comercio veo a gente desplegar de su billetera un interminable número de tarjetas de crédito. Supongo que muchos pensarán que eso les hace parecer adinerados. Sin embargo lo que yo deduzco es justo lo contrario: que como mucho aspiran a ser personas muy endeudadas.

En el momento en que adaptamos nuestros gastos a la totalidad de ingresos perdemos el control sobre nuestra economía y ante cualquier imprevisto nos vemos avocados a recurrir a los préstamos para poder salir del paso.

Pero peor aún que vivir al día es vivir por encima de nuestras posibilidades. Usar dinero que no tenemos para comprar cosas que no son imprescindibles por las que terminaremos pagando mucho dinero en intereses y asumiendo un elevado riesgo.

Si eliges vivir al día o por encima de tus posibilidades estás abrazando la pobreza. Pero si pones tu empeño en disminuir tus gastos y aumentar tus ingresos estarás construyendo tu patrimonio.

La falta de planificación nos conduce al crédito, y esa misma falta de planificación puede conducirnos al impago de esos créditos (los imprevistos ocurren) y terminar con todas nuestras pertenencias embargadas o en una situación de la que será complicado salir. Basta echar un vistazo en la red para encontrarnos miles de casos de gente corriente que lo ha perdido todo en una historia que suele tener siempre el mismo guión: vivir al día, endeudarse, un imprevisto y perderlo todo.

Pero claro, siempre tendemos a pensar que a nosotros eso no nos va a pasar. Lo que está claro es que como mínimo terminaremos pagando un dinero que podríamos ahorrarnos en intereses que muchas veces alcanzan la auténtica usura por el mero hecho de no tener la suficiente fuerza de voluntad para renunciar a cosas que no nos podemos permitir o no haber hecho los deberes creando un fondo de emergencias para prevenir imprevistos.

Lo primero que debemos hacer para salir del agujero es dejar de cavar, por lo que si tienes algún tipo de deuda te recomiendo que empieces pensando como liquidarla lo antes posible. Para ayudarte en esta labor aquí tienes una sencilla pero efectiva técnica que los americanos llaman "Debt Snowball Method" (el método de la bola de nieve de deuda):

1. Recaba información sobre todos tus préstamos, y haz una lista ordenándolos de mayor a menor interés. Ten en cuenta también las comisiones de cancelación total y parcial.

2. Destina un porcentaje fijo de tu salario, por ejemplo un 10%, para liquidar el préstamo de mayor interés (aparte de las cuotas que ya pagas). Si además tienes algún dinero ahorrado no dudes que eliminar deuda es

probablemente la mejor manera de emplearlo.

¿Estás tan ahogado que te resulta imposible ahorrar ese 10%? ¡Para eso está este libro! Sigue leyendo y en los próximos capítulos te mostraré cientos de trucos para ahorrar dinero.

3. Una vez pagado el primer préstamo, destinaremos la cuota que pagábamos por el mismo a liquidar el siguiente de nuestra lista, sumándolo a nuestro 10% que aún mantendremos. Cuando hayamos terminado con el segundo podremos destinar la cuota de los dos préstamos más nuestro 10%, y así sucesivamente. De modo que cada vez podremos dedicar una cantidad mayor.

Y qué duda cabe, una vez alcanzado nuestro objetivo mantener una postura firme es esencial para no volver a caer en la trampa del crédito fácil. Comienza dando de baja todas tus tarjetas de crédito, quédate con las de débito pero busca alguna que no tenga comisión. Haz crecer tu fondo de emergencias y mantén una actitud ahorradora.

"Nunca gastes tu dinero antes de ganarlo".

Thomas Jefferson

Kakebo: el método japonés para ahorrar

El 90% de los españoles se gasta todo su dinero sin saber muy bien en qué, según un estudio realizado por Esade. El autor del informe, Gerard Costa, explica que "la mayoría de los españoles tienen la contabilidad en la cabeza, lo que hace difícil controlar con precisión el gasto".

Uno de los mayores retos a los que se enfrentan los ahorradores es saber dónde, cuándo y cuánto dinero se gasta en cada cosa. En primer lugar por planificación, por ejemplo para saber cuándo vendrán determinados gastos anuales y que no nos pillen por sorpresa. Pero sobre todo para tener una imagen clara de dónde estamos y qué partidas podemos reducir de forma más eficaz.

En Japón, muchas amas de casa llevan un registro de todos los gastos mensuales a través de un libro llamado Kakebo o Kakeibo, que vendría a ser un libro de cuentas del hogar. El método básicamente consiste en apuntar los ingresos y restar los gastos fijos previstos junto con una aportación al ahorro, y lo que queda es el dinero que hay para pasar el mes. Después los gastos se clasifican en 4 categorías: supervivencia, ocio y vicio, cultura y extras.

¿Hace falta gastarse los casi 20€ que cuesta un cuaderno Kakebo? Pues no. Basta con reciclar una agenda vieja o usar un simple cuaderno. Aunque particularmente prefiero usar una hoja de Excel en la que las fórmulas se encarguen de automatizar los cálculos.

En la web de este libro www.ahorraysefeliz.com encontrarás una plantilla a modo de ejemplo. En ella podrás anotar los gastos e ingresos mensuales así como saber la media y el total anualizado de cada partida. Por supuesto puedes modificarla y adaptarla a tus necesidades. También encontrarás un listado de webs y apps que conectan con tu banco y te simplifican la tarea.

Especialmente sorprendente será saber cuánto dinero suponen al año lo que se conocen como gastos hormiga: pequeños caprichos que nos damos a diario como el café en el bar, juegos de azar, chucherías y snaks, comer fuera, maquinas de vending, revistas y periódicos... Serás más consciente de por donde se escapa el dinero y podrás actuar en consecuencia.

"Lo que puede ser medido será manejado".

Peter Drucke

Págate a ti primero

Probablemente tu esquema de ahorro actual se parezca a esto:

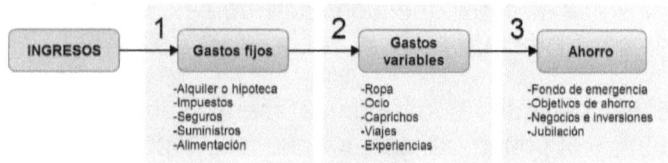

¿Adivinas donde está el error? Correcto, si sitúas el ahorro como última prioridad y sólo con lo que queda a fin de mes, probablemente quedará poco o nada. Ahorrar de forma irregular y desordenada no sirve, lo que cuenta es hacerlo de forma planificada y sistemática. Hazlo al revés de cómo venías haciéndolo. Antes de pagar a los demás págate a ti primero. Tus objetivos y metas deben tener prioridad frente a los gastos superfluos:

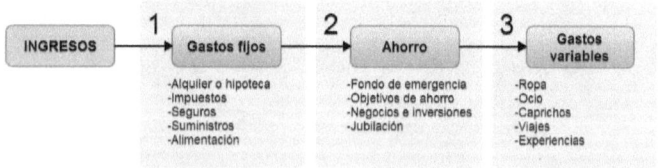

El concepto "págate a ti primero" que muchos atribuyen erróneamente al autor de *'Padre rico, padre pobre'* Robert Kiyosaki, aparece por primera vez en el libro *'El Hombre más Rico de Babilonia'* de George S. Clason.

No podemos pretender obtener resultados diferentes si no estamos dispuestos a modificar nuestro patrón de conducta. De modo que pasa a la acción: desde este momento fija una cantidad mínima de ahorro mensual que sea asumible mes tras mes sin excusas.

1. Determina cuáles son los gastos fijos ineludibles: alquiler o hipoteca, comunidad, agua, luz, gas, alimentación... Ten en cuenta aquellos gastos de carácter no mensual (por ejemplo el seguro anual del coche).
2. Fija tu objetivo de ahorro, puede ser una cantidad fija o un porcentaje de tus ingresos si es que estos varían con frecuencia. Siempre debes sobrestimar tus gastos y subestimar tus ingresos.
3. Programa una transferencia periódica de carácter mensual hacia una cuenta de alta remuneración de uso exclusivo para tus ahorros (te recomiendo la banca on-line, por ejemplo ING Direct).

¡Estarás automatizando el ahorro! Tendrás tus finanzas en *'piloto automático'*, ahorrando sin esfuerzo, sin tener que recordar hacer nada especial cada mes, ajustando tu nivel de vida a lo que verdaderamente puedes permitirte. Si no puedes o no quieres usar cuentas bancarias puedes hacer lo mismo empleando dos botes, uno para gastos y otro para ahorro.

Una forma de acelerar el ahorro es destinar los ingresos irregulares (pagas extra, devolución de hacienda...) como un aporte extra al ahorro en su totalidad.

De la cantidad que destines al ahorro puedes hacer una re-distribución en varias cuentas para objetivos diferenciados (esto dependerá de tus metas). Por ejemplo:

➢ 30% para incrementar tu fondo de emergencias, en una cuenta sin comisiones, alta remuneración y total disponibilidad.
➢ 30% para objetivos a corto y medio plazo en depósitos a plazo o renta fija.
➢ 40% para ahorro a largo plazo que se ingresaría en un fondo o ETF de bajas comisiones referenciado a un índice como puede ser el S&P 500.

A medida que vayamos disminuyendo los gastos fijos podremos ir aumentando la cantidad mensual de ahorro. Mucho cuidado con dejar la cuenta en descubierto o facturas sin pagar, con los recargos que ello puede suponer. Se requiere organización, disciplina, responsabilidad y planificación.

Para muchos pensar en destinar una cantidad mensual al ahorro cuando a duras penas consiguen llegar a fin de mes sonará a ciencia ficción. Recuerda que ahorrar es ante todo una elección, y que elegir significa quedarte con una cosa renunciando a otras. A lo largo de este libro encontrarás cientos de trucos para gastar menos dinero, pero en algunos casos ello implica renunciar a ciertos hábitos o comodidades adquiridas y la decisión de dar un paso al frente sólo puedes tomarla tú.

Habrá quien sólo pueda alcanzar un 5% de ahorro sobre el total de sus ingresos y otros podrán dedicar un 50% con facilidad. Lo verdaderamente importante al principio no es la cantidad, sino que adquieras el hábito del ahorro, que establezcas mentalmente tus prioridades y asumas tu responsabilidad.

"No ahorres lo que te quede después de gastar, gasta lo que te quede después de ahorrar".

Warren Buffett

CAPÍTULO 3:

Economía conductual y psicología del comprador

"Todo necio confunde valor y precio".

Antonio Machado

La paciencia es la madre de todas las ciencias

En 1970 en la universidad de Stanford hicieron un experimento en niños que consistió en ofrecerles dulces en una habitación vacía y sin distracciones, y se les indicó que si esperaban 15 minutos sin comérselos se les daría también un segundo regalo.

El resultado fue que sólo un tercio de los niños fueron capaces de aguantar los 15 minutos. Pero lo verdaderamente interesante vino después. Cuando esos niños ya fueron adultos se comprobó que aquellos que en el experimento habían mostrado más autocontrol también habían logrado las mejores puntuaciones en las pruebas de acceso a la universidad.

Y no sólo eso, también mostraron un índice de masa corporal más bajo, mejor sentimiento psicológico y menor propensión a consumir drogas.

Los autores del estudio explican que las diferencias de comportamiento se deben a lo que llaman dos sistemas del cerebro, uno que denominan "caliente" que es simple y emocional y otro "Frio" que es más racional y estratégico.

¿Qué puedes hacer?
✓ Planifica tus finanzas de forma racional y estratégica, evita hacerlo de manera emocional e impulsiva.
✓ Valora la importancia de tus decisiones en el medio y largo plazo.

¿Es barato o caro?

Dan Ariely cuenta en su libro *'Las Trampas del Deseo'* cómo a través de un experimento constató lo irracionales que somos a la hora de decidirnos por algo. Ariely preguntó a 100 alumnos qué opción escogerían entre los distintos tipos de suscripción que ofrecía el diario Economist.com

- Sólo web, por 59 $
- Sólo papel, por 125 $
- Web + papel, por 125 $

Ninguno escogió la segunda y el 84% se quedó con la última. Algo normal. Según vas leyendo descubres la tercera opción, al mismo precio que la segunda, y automáticamente piensas ¡menudo chollo! ¿Qué idiota pagaría la suscripción sólo papel pudiendo tener ambas por el mismo precio?

¿Pero qué ocurriría si eliminásemos la segunda opción? La lógica nos dice que el resultado debería ser similar pues en el primer experimento fue la que nadie había elegido. Pero muchas veces no actuamos racionalmente y la prueba de ello es que sólo el 32% escogió la última opción al eliminar el 'señuelo'.

Siempre observamos las cosas que nos rodean en relación con las demás. No podemos evitarlo. Nuestro cerebro no es capaz de discernir si algo es caro o barato de forma abstracta. Consciente o inconscientemente estaremos comparando el precio de un producto A, con el de un producto B de similares características para así poder realizar un juicio.

De modo que cuanto más diferentes sean entre sí y más variables debamos tener en cuenta más difícil será determinar si el precio de algo es elevado o no. Esto lo saben muy bien las empresas, que tratarán de complicarnos la vida con enrevesados planes de precios o productos difícilmente comparables entre sí.

Otra trampa en forma de señuelo es añadir un producto superior, casi idéntico al que pretenden vender masivamente, pero a un precio muy superior. Así la compra nos parece en comparación una mejor opción.

La inclusión en la carta de los restaurantes de un plato carísimo aumenta la facturación del restaurante incluso aunque nadie lo pida. Poca gente escogerá el plato más caro, pero el mero hecho de estar en la carta hace que más gente esté predispuesta a pedir el segundo más caro. Al final se trata de hacerte creer que estás haciendo una elección equilibrada, creando la ilusión de que estás realizando una buena compra.

El truco también puede darse a la inversa. Se ofrece un producto "desde" un precio atractivo. Sin embargo al escoger el modelo necesario el precio se eleva considerablemente, pero en nuestro cerebro ya tenemos anclado que se trata de una compra asequible o como mínimo han conseguido que te intereses por el producto.

En el libro 'El Poder del Tacto' el investigador James Lobo explica un experimento en el que antes de una subasta observaron el tiempo que los asistentes pasaban tocando el objeto a subastar. Los investigadores concluyeron que "examinar un objeto por períodos largos de tiempo resultó en un mayor apego al objeto y por lo tanto la valoración que asignaron fue más alta".

Cuando hemos invertido tiempo en un producto es más fácil que acabemos comprándolo. Por eso los fabricantes de coches quieren que pases tiempo usando el configurador de su web. Que elijas el color, las llantas, el equipamiento, el motor, los extras... Cuando ya has tomado todas esas decisiones, el cerebro prefiere evitar tener que volver a tomarlas de nuevo.

¿Qué puedes hacer?

✓ Que una opción sea la más cara no lo convierte en una buena opción.
✓ Ser escéptico. Especialmente con las ofertas con señuelo.
✓ No invertir tiempo en mirar cosas que realmente no necesitas.

Más caro no es mejor

En un estudio realizado por la Universidad de Stanford y el Instituto Tecnológico de California con 20 voluntarios, se les dio a probar a todos de un mismo vino, pero etiquetándolo con diferentes precios (5, 10, 35, 45 y 90 dólares la botella). El resultado fue que se calificaron como mejores los vinos etiquetados como más caros respecto a los baratos.

Además, en el experimento se analizó lo que pasaba realmente en el cerebro de los participantes mediante una resonancia magnética funcional, descubriéndose que realmente, ante el vino caro, se producía una tormenta de actividad en la corteza orbitofrontal medial, la zona donde se percibe el agrado.

Nuestro cerebro está lleno de prejuicios y nos auto-engaña. Por eso mucha gente se niega a creer que los productos de primera marca y los de marca blanca puedan tener la misma calidad, o que un medicamento genérico pueda hacerles el mismo efecto que uno más caro.

En un estudio la OCU analizó 40 marcas de leche. Se evaluaron nutrientes, ausencia de estabilizantes, el uso de leche en polvo, tratamientos de calentamientos excesivos, y presencia de microorganismos. Y la conclusión es que la leche que comercializa bajo marca blanca Mercadona quedó en segundo lugar, por encima de muchas leches de primera marca y precio superior.

En otro estudio la OCU analizó 14 cremas antiarrugas faciales, y, de nuevo la sorpresa: la mejor resultó ser una de marca blanca que comercializan los supermercados Lidl por 3€. Y se enfrentaba a cremas de más de 100€... algunas de las más caras de hecho resultaron completamente inútiles.

Todos habremos visto cada navidad el que se anuncia como "El turrón más caro del mundo". Es un spot que se repite año tras año, y deduzco que es porque su eslogan funciona. Y no resaltan del producto su sabor ni su calidad, sólo su precio. Presumimos que algo es bueno por el hecho de ser caro, y esto es un error.

Algunas cosas podrán ser más caras debido a su calidad, pero nunca será de mejor calidad algo por el mero hecho de ser más caro. Y sin embargo la mayoría sigue creyendo bajo cualquier circunstancia el dicho popular de "lo barato sale caro".

Nada mejor para desmitificar este dicho popular que recordar el viejo Casio F98W. ¿Quién no tuvo uno? Algunos le pusieron el adjetivo de "el reloj indestructible", y es que además de ser un reloj económico era resistente, fiable y duradero.

Puedo dar fe que su batería me llegó a durar unos 6 años. Y en general su durabilidad estaba claramente por encima que la de relojes más caros de su época.

Me consta que algunos adolescentes comprobaron su resistencia lanzándolo al aire y dejándolo caer al suelo. Vi muchos de ellos cubiertos de grasa y yeso usados por mecánicos y albañiles. Conozco la historia de uno que pasó años en un tejado, a la intemperie, aguantando lluvias, humedad, frío y calor, y que tras ser recuperado seguía funcionando con total normalidad.

Esto, que es sólo un ejemplo más bien anecdótico, es también la demostración de que lo barato no tiene por qué salir caro. En la era de la información en la que nos encontramos tomar el precio como factor de garantía de calidad es algo totalmente ridículo.

Ante la duda la mejor elección no es optar por el producto más caro, sino informarnos de las cualidades de cada uno de ellos, y tomar una decisión razonada.

> Ahorrar NO es comprar barato cosas de mala calidad.
> Ahorrar NO es comprar barato cosas de buena calidad que no necesitas.
> Ahorrar NO es comprar caro suponiendo una mejor calidad.
> ✓ Ahorrar es comprar con inteligencia.

"Ahorrar no es sólo guardar, sino saber gastar".

Dicho popular.

Gastamos más rápido las monedas que los billetes

Que las monedas nos duran menos en el bolsillo es algo que muchos ya sospechábamos. Cualquier excusa puede ser buena para deshacernos de esas molestas monedas de escaso valor que resultan tan incómodas de portar y a las que nos referimos despectivamente como "calderilla".

La novedad es que un estudio científico llevado a cabo en la Universidad de Maryland ha confirmado todas nuestras sospechas. El experimento consistió en ofrecer una gratificación de 5 dólares a cambio de rellenar una encuesta a aquellos clientes que se disponían a entrar en una gasolinera.

A unos se les dio en un sólo billete de 5 dólares; a otros en 5 billetes de 1 dólar; y a un último grupo en 5 monedas de 1 dólar. Después se les dejaba hacer sus compras en la gasolinera y a su salida se comprobaba cuánto habían gastado.

El resultado fue el que seguro ya intuyes. A quienes les pagaron en monedas gastaron casi todo. A los que les pagaron en 5 billetes, gastaron menos. Y por último, a los que les pagaron en un único billete, la gran mayoría no gastó nada.

Para disipar las dudas que se pudiera generar a cerca de la incidencia de la cultura estadounidense en el experimento, este se repitió en China obteniendo idéntico resultado.

¿Qué puedes hacer?

✓ Mentalízate que el dinero tiene el mismo valor ya sea en billetes o monedas de 1 céntimo.

✓ Utiliza las monedas para pagar cada compra en su importe exacto, no como algo de lo que deshacerte.

✓ Aprovecha para cambiar "el suelto" por billetes cuando vayas a algún establecimiento. Normalmente les haces un favor, ya que suelen quedarse sin cambio.

✓ Guarda en un bote todas las monedas de un determinado valor que pasen por tus manos.

El efecto Diderot

En su ensayo *'Lamento por mi bata vieja'*, Denis Diderot explica de qué manera un regalo que le hicieron, una hermosa bata, le condujo a la ruina. En comparación con su nueva y elegante bata, sus posesiones empezaron a parecerle de mal gusto y así las fue sustituyendo por otras que estuvieran a la altura. Hasta tal punto que se vio envuelto en una espiral de deudas que le condujeron a la ruina.

"Yo era dueño absoluto de mi vieja bata, pero me he convertido en esclavo de la nueva" escribe Diderot quien con gran acierto también subtituló su obra "Aviso a aquellos que tienen más gusto que fortuna".

El *efecto Diderot* ocurre cuando un bien nuevo requiere adquirir toda una cadena de productos complementarios para que puedan estar en consonancia. Por ejemplo, si adquirimos una casa con acabados de lujo estaremos más predispuestos a vestirla con muebles caros, decoración elegante y complementos acordes. Otra variante son los gastos asociados. Si la casa además tiene jardín y piscina, nos veremos casi obligados a pagar por su mantenimiento mientras vivamos en ella.

¿Qué puedes hacer?

✓ Busca la belleza y la armonía en las cosas útiles, simples y minimalistas.
✓ Huye de los gastos que conducen a más gastos.
✓ Evita las compras que tengan como fin ostentar o aparentar.
✓ Estudia detenidamente los *gastos asociados* que pueda tener una compra. Por ejemplo, cualquier producto de alta gama es previsible que tenga unos costes de mantenimiento elevados.

"No es más feliz quien más tiene, sino quien menos necesita"

Los ahorradores son más felices

Investigadores de la Universidad de Negocios de Nottingham (Reino Unido) entrevistaron a 140 individuos, hombres y mujeres, que eran considerados como "poco gastadores" por familiares y amigos. Las conclusiones del estudio fueron estas:

✓ **Son menos influenciables:** los ahorradores se fían menos de los consejos de los demás, tienden a confiar más en sus propios razonamientos e instintos. Son menos susceptibles a lo que opinen los demás, al contrario que los derrochadores, que en la mayoría de las veces actúan impulsados por modas o por lo que hacen otras personas.

✓ **Tienen más paciencia y visión a largo plazo:** a diferencia del derrochador que se caracteriza por ser impaciente y buscar la satisfacción inmediata.

✓ **Utilizan mejor su dinero:** son más críticos y analíticos, y toman mejores decisiones de compra.

✓ **Son emocionalmente más estables:** el comportamiento del comprador compulsivo en cambio se asocia a una baja autoestima y estados de depresión.

✓ **Viven más tranquilos:** sin deudas y con ahorros con los que afrontar imprevistos o aprovechar oportunidades.

El desafío de los 100 objetos

Dave Bruno es un bloguero estadounidense que un día haciendo limpieza general con su familia se dio cuenta de la gran cantidad de trastos que había estado acumulando, y de todo el tiempo que le hacían perder. Se le ocurrió deshacerse de todo lo innecesario y así creó *'100 Thing Challenge'* (el desafío de los 100 objetos).

1. Identifica lo que es importante para ti
2. Elimina todo lo demás

La premisa es sencilla: deshacernos de todas las posesiones superfluas hasta quedarnos con 100 objetos "personales". Y así nació el movimiento minimalista: personas que deliberadamente ponen un límite a su número de posesiones bajo el lema "menos es más" y "elimina lo innecesario".

Desde entonces podemos encontrar en la red muchos blogs que promulgan esta nueva filosofía de vida. Así como listas y fotografías de los 100 objetos de la gente que ha decidido sumarse al reto. Algunos han decidido ir más allá, y reducir la lista hasta un máximo de 50 cosas, incluso menos.

Otra variante es el _Proyecto 333_ en el que nos retan a utilizar sólo 33 prendas y accesorios de vestir durante 3 meses. En el experimento se incluye el calzado, pero no la ropa interior ni la de hacer deporte. Puede ser un punto de partida para quien quiera iniciarse en el minimalismo.

¿Qué persigue el minimalismo?

El minimalismo es una filosofía que propugna centrarse en lo importante y eliminar todo lo demás.

Cuando yo era niño y tuve mi primera videoconsola disfrutaba y exprimía cada videojuego que tenía, que no eran muchos pero estaban cuidadosamente elegidos. Más tarde me piratearon la consola y entonces tuve acceso a cientos de juegos, pero ya nunca volví a disfrutar ninguno. Tenía demasiados, y mi tiempo y capacidad de atención no son infinitos. Personalmente creo que esa es la esencia del minimalismo.

El objetivo no es demostrar que se puede vivir con poco ni renunciar a las posesiones materiales, sino apreciar y sacar más partido a lo que tienes y buscar la simplicidad. Tener menos cosas, pero quedarnos con las que realmente cumplen una utilidad importante para nosotros.

Especialmente me gusta la descripción que hace Vanessa de Noquierotropijama.com sobre el minimalismo y lo que representa en su vida:

"Para mí el minimalismo es una libertad apacible. Es levantarte por la mañana, y vestirte con facilidad, porque tienes la ropa justa que te sienta bien. Es no tener que decidir en qué taza vas a desayunar, porque tienes una, tu favorita. No elegir entre 7 u 8 infusiones y cafés, porque tienes uno, el que más te gusta. Es no pensar en deudas o en que falta algo en tu vida.

Es ser feliz sabiendo que poco es necesario, y que no hay que sufrir por cosas innecesarias. Cada día siento como esa energía y dinero que antes perdía en objetos y compromisos fútiles, ahora se centra en las cosas que más me gustan, en descansar y en disfrutar más del presente".

Ventajas de una vida minimalista:

✓ Menos cosas que limpiar, ordenar o mantener. Más tiempo para ti.
✓ Menos cosas ocupando espacio. Más espacio para ti.
✓ Cuando tienes pocas cosas sabes exactamente dónde está todo y no tienes que perder tiempo buscándolo.
✓ Un hogar sencillo, simple, ordenado y limpio. Más bonito y menos estresante.
✓ Menos saturación de opciones. Puedes centrarte en las decisiones realmente importantes. Cuando preguntaron a Mark Zuckerberg (CEO y fundador de Facebook) por qué viste siempre la misma camiseta ésta fue su respuesta "La razón por la que sólo uso camisetas grises -y quiero aclarar que tengo varias camisetas grises iguales- es que hay muchas investigaciones que muestran que tomar decisiones pequeñas, incluso las relacionadas a qué ponerte en las mañanas, o qué desayunar, pueden cansarte. Tengo la suerte de estar en la posición en la que puedo servir a billones de personas, entonces no voy a desperdiciar mi atención en tomar decisiones frívolas. Suena un poco tonto,

pero es verdad y antes que yo lo hizo Steve Jobs".

✓ Consumo inteligente, descartando lo superfluo y optando por cosas de calidad y duraderas.

✓ Alcanzar un estado mental en el que es más difícil sucumbir al consumismo, los caprichos temporales y los gastos innecesarios.

¿Y qué hacer con las cosas que ya no necesitamos? Pues venderlas, reciclarlas, regalarlas y sólo si no queda más remedio, tirarlas.

Moda pasajera, quizás. Pero sin ninguna duda podemos aprender cosas del minimalismo material. ¿Te atreves con el reto de las 100 cosas? Prueba lo siguiente:

✓ Cuelga toda tu ropa con las perchas mirando al revés, pero la próxima vez ponla ya en su posición normal. En 6 meses sabrás cual es la ropa que usas y cual no.

✓ Comienza en pequeño. Prueba organizando un cajón, una mesa, un armario...

✓ Sigue la regla de los 12 meses: si no lo has usado durante 1 año probablemente no lo necesitas.

✓ Haz una lista de tus 100 objetos y aplica la *regla del banquillo*: para que entre algo nuevo otra cosa debe salir.

Algunos sitios que hablan del minimalismo:
100thingschallenge.blogspot.com.es
Mnmlist.com/50-things
Exilelifestyle.com/all-72-things-own
Serminimalista.wordpress.com

"Rechazo los puntales básicos de la civilización, especialmente las posesiones materiales. Lo que posees acabará poseyéndote. No sois vuestro trabajo, no sois vuestra cuenta corriente, no sois el coche que tenéis, no sois el contenido de vuestra cartera, no sois vuestros pantalones".

Tyler Durden - El Club de la Lucha

Horas vitales: el método definitivo para dejar de gastar

El valor del dinero a veces se confunde y perdemos la noción de lo que cuesta ganarlo. Nuestro tiempo es lo más preciado que tenemos las personas. Aunque finito e incierto, en muchas ocasiones lo infravaloramos y lo terminamos malvendiendo sin detenernos a pensar si realmente nos compensa tal intercambio.

Probablemente entendamos mejor el valor de las cosas si traducimos su coste de euros a horas de trabajo. Te aseguro que no existe nada más efectivo a la hora de evitar caprichos innecesarios. A modo de ejemplo he calculado el número de horas que es necesario invertir para la compra de determinados artículos, en función de un sueldo neto de 1.000 euros para una jornada laboral de 40 horas semanales:

- Un refresco de máquina (1 euro) son 10 minutos de trabajo.
- Una película en el cine (6 euros) es una hora de trabajo.
- Unas zapatillas (60 euros) son 10 horas de trabajo.
- Un televisor (600 euros) son 100 horas de trabajo.
- Un coche (18.000 euros) son 3.000 horas de trabajo, o lo que es lo mismo, levantarse todos los días para ir a trabajar 8 horas al día durante un año y medio.

- Una casa (180.000 euros) son 30.000 horas de trabajo mileurista, 15 años de dedicación exclusiva.

Para ser más exactos al salario neto habría que descontarle los gastos indirectos del propio empleo (desplazamiento, vestuario, comidas fuera de casa...) y al número de horas trabajadas añadirle las empleadas en el ir y venir de nuestra casa al trabajo. El resultado sería aún más crudo.

A parte de servirnos para valorar fácilmente los precios de las cosas, hacer este cálculo nos hace darnos cuenta que lo importante no es cuánto ganemos sino cuánto nos queda a final de mes.

Muchos tienen unos sueldos importantes pero sus empleos les obligan a comer fuera a diario, viajar, tener un coche que evoque cierto estatus o vestir de etiqueta. Viven en lo que yo llamo una *jaula de oro*.

En muchos casos un consumismo compulsivo es producto de una visión distorsionada del valor de las cosas. La próxima vez que estés pensando en comprar cualquier cosa haz la conversión a tu nueva divisa de "horas vitales". Te aseguro que así apreciarás mejor lo que realmente cuestan las cosas.

"El tiempo es mas valioso que el dinero porque puedes usar tu tiempo para ganar dinero pero no tu dinero para comprar tiempo".

Martin Varsavsky

Ahorro inteligente, no ahorro estúpido

Si nos cobrasen 10€ por un paquete de bolígrafos, cualquiera pensaría que son caros. Probablemente hasta que intentan timarnos. Seguramente iríamos en busca de un sitio más barato, máxime si conocemos otro lugar donde ese mismo paquete de bolígrafos cuesta 1€.

En cambio, si por la compra de un televisor tenemos dos precios: 690€ en una tienda de Internet con gastos de envío incluidos, y 699€ en la tienda que tenemos al lado de casa. Si en ambas nos ofrecen exactamente el mismo producto, servicio y garantías, probablemente ya no consideremos la diferencia de precio tan significativa y lo terminemos comprando en la tienda física.

Y sin embargo la diferencia en ambos casos es la misma: 9 euros. Curioso, ¿no crees? En concreto cuando hablamos de cosas especialmente caras (una casa, un coche...) tendemos perder la perspectiva totalmente y es muy fácil que en compras de este calibre echemos a perder todo el esfuerzo puesto día a día en el pequeño ahorro.

Es precisamente en las compras más grandes de nuestra vida donde deberíamos invertir proporcionalmente más tiempo y ser especialmente cautelosos. De poco sirve ahorrar 20 céntimos al comprar un paquete de legumbres si tu casa vale en realidad un tercio de lo que pagaste por ella o si buscando mejor podrías haber encontrado tu coche 600€ más barato.

Fanboys, talis y el friki-consumismo

Internet ha sacado a relucir una nueva especie de ser. Se reúnen en foros. Pasan más tiempo discutiendo sobre por qué su gadget es mejor que usándolo. Hacen colas incluso durante días para hacerse con la última novedad, al precio que sea. Se podría decir que sus vidas giran en torno a una marca.

Los hay de muchas clases. Los más conocidos son los *Apple Fanboys* y los *Tali-Android*. Pero Internet está lleno de especímenes de todo tipo que compiten por tener la linterna con más lúmenes, el ordenador *gamer* que mueve más frames por segundo en el último juego de moda, o el equipo de car-audio con más decibelios.

Fanáticos consumidores frikis a la espera de cualquier nuevo avance que les haga más felices. Felicidad que nunca alcanzan, porque siempre habrá algo nuevo que comprar. El marketing, creando nuevas necesidades, siempre un paso por delante.

No soportan no tener lo último y las empresas se aprovechan haciéndoles pagar un plus por la novedad y dosificando al máximo la incorporación de avances en sus productos. (No hay que confundir este hecho con el inevitable abaratamiento tecnológico).

¿Qué puedes hacer?

✓ Si tienes algo que funciona no sucumbas a las novedades tecnológicas, salvo que vivas de ello y no tenerlo te ponga en desventaja competitiva.

✓ La tecnología se adquiere cuando sale mejor que reparar o mantener.

✓ Evita las novedades o la gama alta. No son más que un ¿cuánto estás dispuesto a gastar?

✓ No pierdas el tiempo discutiendo con un friki-consumista.

✓ No seas un fanático de las marcas ni los productos. Sé un fanático de las compras equilibradas e infiel a las marcas.

✓ Cuida tus pertenencias. Evitarás tener que cambiarlas con demasiada frecuencia.

Buscadores de chollos y cuponesmaníacos

Otro grupo en el que debemos evitar caer. Pasan horas buscando chollos por Internet, acuden al supermercado con decenas de cupones descuento. Van dejando sus datos indiscriminadamente para que les lleguen muestras gratuitas. Son los primeros todos los años en las rebajas. Y están suscritos a todo tipo de outlets, webs de ofertas y compras conjuntas.

Ellos creen que así ahorran. Que son capaces de exprimir cada euro. La realidad es que son compradores compulsivos que se escudan en el ahorro para evitar el sentimiento de culpa y que, aunque barato, compran cosas que no necesitan y gastan una gran cantidad de tiempo en ello. Tiempo que podrían dedicar en redirigir sus finanzas, buscar el ahorro en las cosas que realmente necesitan o en aumentar sus ingresos.

Pero ellos no pueden evitar dejar pasar la oportunidad... de ser más pobres de lo que eran antes de comprar.

¿Qué puedes hacer?

- ✓ Si compras barato algo que no necesitas, estás comprando caro.
- ✓ Busca comprar más barato las cosas que necesites, no comprar cosas por ser baratas.
- ✓ No pierdas el tiempo en webs, foros y redes sociales donde sólo publican ofertas, descuentos y cupones.

"Una ganga no es una ganga a menos que sea algo que necesites".

Sidney Carroll

El tío que os vende mierda

"Soy el tío que os vende mierda. Que os hace soñar con esas cosas que nunca tendréis. Cielo eternamente azul, tías que nunca son feas, una felicidad perfecta retocada con el Photoshop. [...] Os drogo con la novedad, y la ventaja de lo nuevo es que nunca lo es durante mucho tiempo. Siempre hay una nueva novedad para lograr que la anterior envejezca. [...] En mi profesión nadie desea vuestra felicidad, porque la gente feliz no consume".

Frédéric Beigbeder - 13,99 euros

El consumidor perfecto es aquel que vive infeliz pero esperanzado. El que trabaja durante todo el día y busca la satisfacción inmediata en su poco tiempo de ocio. El que no piensa en su futuro, sólo en su presente. El que tiene puesta la TV la mayor parte del tiempo que pasa en casa. El que busca encontrar algo que le haga feliz y pueda comprar, porque es incapaz de ser feliz por sí mismo.

Sección de lácteos de un supermercado cualquiera. Un niño le recrimina a su madre echar al carro unos yogures de marca blanca, ofreciendo a su madre sustituirlos por otros que él ha visto anunciados en televisión. Con tacto maternal e ingenio a partes iguales la madre le responde:

- "Nadie quiere comprar esos yogures, y por eso no les queda más remedio que anunciarlos en televisión".

Efectivamente, las cosas realmente buenas no necesitan costosas campañas de marketing para darse a conocer. Un ejemplo claro es Google. Hasta los neófitos en temas informáticos de cualquier parte del mundo saben qué es Google, y sin embargo la empresa de Mountain View jamás necesitó invertir un céntimo en anunciarse.

No estoy diciendo que todo lo que se anuncie en TV sea necesariamente malo. Por una parte llegar a más gente facilita a las empresas alcanzar economías de escala que permiten ofrecer el producto más barato.

Sin embargo un porcentaje alto de cosas que se anuncian en televisión se corresponden a productos que no ofrecen ninguna ventaja frente a los que no gastan enormes cantidades de dinero en anunciarse. Y en efecto, ese dinero que pagan las empresas en publicidad también va en el precio que termina pagando el consumidor.

Muchos de los anuncios que vemos en TV no dedican ni un segundo a describir las cualidades del producto, sino que muestra imágenes que evocan sentimientos para que, por ejemplo, relacionemos la felicidad con cierto refresco.

¿Qué puedes hacer?

- ✓ No veas la TV. Si tienes interés por algún programa en concreto puedes verlo en diferido por Internet con mucha menos publicidad.
- ✓ Instálate un bloqueador de anuncios en el navegador, particularmente te recomiendo µBlock. Desactívalo selectivamente en aquellas páginas que realmente aporten algo en tu vida, o busca otra manera de recompensarles (comprando sus libros, haciendo donaciones...)
- ✓ Sé crítico con la publicidad. Quédate con las cualidades de los productos, no los sueños que te venden en los anuncios.
- ✓ Deja de pagar la publicidad de los productos que consumes, compra marcas blancas y medicamentos genéricos.
- ✓ Deshazte educadamente de los comerciales. No pierdas tu tiempo en intentar rebatir sus argumentos ni confíes en nadie que toque a tu puerta o llame a tu teléfono para intentar venderte algo.

CAPÍTULO 4:

Gasta mejor, sé más feliz

20 trucos para manirrotos sin solución

Vivir atrapado en el sueño de satisfacer todos tus deseos es agotador. Siempre hay algo nuevo, algo mejor, siempre un escalón más, siempre un espacio hacia una fugaz felicidad y en medio, la insatisfacción. Si no aprendes a valorar y disfrutar lo que ya tienes lo pasarás mal el resto de tu vida. Evita caer en la espiral del consumismo:

1) Deja de "ir de tiendas" como actividad. Está bien comprar las cosas que necesites, pero no salir en busca de necesidades que comprar.

2) Evita las compras por impulso. Deja las tarjetas en casa y sal sólo con el dinero que necesites.

3) Espera 30 días antes de decidirte en compras de cierta cantidad. El deseo por aquello que realmente no necesitamos desaparece a los pocos días, incluso a las pocas horas.

4) Ante una decisión de compra pregúntate qué te gustaría que te regalase un extraño ¿ese producto o el dinero que vale?

5) Haz una lista de los puntos negativos o inconvenientes que presente.

6) Haz una búsqueda por términos negativos en Internet, por ejemplo "fallos de X", "decepcionado con X" o "inconvenientes de

X" para encontrar lo que en principio no te gustaría. Las reviews de fanáticos e incondicionales no cuentan, generalmente no son lo suficientemente críticos.

7) Piensa que hasta ahora has vivido bien sin "eso".

8) Recuerda el truco de convertir los precios de las cosas a horas de trabajo. ¡Ponlo en práctica!

9) Piensa si realmente necesitas tenerlo en propiedad o puedes alquilarlo o pedirlo prestado eventualmente.

10) Plantéate fabricarlo tú mismo o reparar uno que esté averiado.

11) Comprueba si te interesa comprarlo de segunda mano, y/o esperar a que su precio se devalúe. Nunca pagues lo que te pidan en un principio, siempre negocia.

12) Si vas a comprarte ropa, llévate contigo alguien que te diga con sinceridad cuando algo no te queda del todo bien.

13) Si vas a comprar comida, no vayas ya con hambre. Haz una lista de las cosas que necesites y cíñete a ella.

14) Si se trata de algo nuevo deja que otros paguen el precio de la novedad y espera unos meses a que baje de precio. En

tecnología nunca merece la pena comprar lo último.

15) ¿Puedes permitírtelo? No te salgas de tu plan si ello supone no alcanzar los objetivos previstos. Recuerda: págate a ti primero. Luego lo demás.

16) Destierra las ideas que te hacen más pobre: "no quiero ser el más rico del cementerio", "el dinero está para gastarlo" y sustitúyelos por 'mantras' que te beneficien: "quiero batir mi record de años con el mismo móvil".

17) No veas cada gesto de ahorro como algo "que te quitas" sino como algo que te acerca a tu objetivo. Menos despilfarro y menos caprichos es más tranquilidad, más opciones, y más futuro.

18) Mantén tu mente ocupada: deja de pensar en qué gastar y céntrate en llevar una vida frugal, aumentar tus ingresos y en cosas que te hagan feliz.

19) Entra en la web de este libro www.ahorraysefeliz.com y sígueme en las redes sociales para no perderte ningún truco de ahorro, mantenerte motivado y estar al día de las novedades.

20) ¡Las mejores cosas de la vida son gratis! Piensa en ellas.

Un arma de doble filo

Tal y como describe Steven Levitt en su libro "Freakonomics", a finales de los noventa el precio de los seguros de vida descendió de forma espectacular en los EEUU. Este hecho supuso una especie de misterio, no había una causa aparente, ni cambios radicales en las aseguradoras ni descensos en otro tipo de seguros.

¿Qué es lo que había pasado? Internet es lo que había pasado. En la primavera de 1996 Quotesmith.com se convirtió en el primero de varios sitios web que permitirían comparar el precio de los seguros de vida en segundos.

Desde entonces Internet ha seguido innovando para beneficio de los ahorradores, que hoy pueden encontrar comparadores de precios y de prácticamente cualquier cosa: hoteles, vuelos, seguros, ADSL, móvil, servicios de paquetería, productos bancarios, precios de supermercados y hasta del precio de los carburantes de las gasolineras.

Si bien son una herramienta terriblemente útil hay que usarlas con precaución, teniendo en cuenta que se sustentan de las comisiones y patrocinios de las propias compañías que comparan y que en algunos casos no están todas ni tampoco las más baratas.

En la web de este libro www.ahorraysefeliz.com encontrarás un listado actualizado con los mejores comparadores clasificados por categorías.

Adaptarse o morir

Internet también ha hecho evolucionar la forma de comprar y vender. Menos gastos físicos y mayor economía de escala se traducen en ahorro para el negocio y para el usuario final, alcanzando unos precios sin competencia para los comercios tradicionales.

Desde recambios para el coche hasta gafas graduadas pasando por supuesto por electrónica de consumo y prácticamente cualquier cosa que podamos imaginar: en Internet encuentras exactamente el mismo producto mucho más barato que en las tiendas físicas.

En EEUU ha nacido un fenómeno que se conoce como Showrooming. Consiste en acudir a las tiendas para ver, tocar y probar pero terminar comprándolo por Internet, mucho más barato. Tal es la magnitud de la tendencia que algunos comercios han comenzado a cobrar a sus clientes por usar los probadores, salvo que finalmente adquieran algún producto.

Internet es uno de los mejores aliados del ahorrador, pero también puede suponer un riesgo: foros en los que se reúnen fanáticos de cualquier corriente consumista imaginable, blogs que nos incitan a estar a la última en gadgets tecnológicos, nuestro correo lleno de spam y publicidad por todos los píxeles de tu pantalla.

¿Qué puedes hacer?

✓ Haz uso de los comparadores, pero con criterio.
✓ Date de baja de los correos publicitarios. De igual modo que acudir a un centro comercial por entretenimiento puede suponer un riesgo para nuestro bolsillo, recibir en nuestro correo novedades y ofertas también puede serlo.
✓ No visites webs o foros consumistas.
✓ Internet es una fuente inagotable de ideas y conocimiento. How-To, DIY, reparaciones, bricolaje, reciclaje...
✓ Visita webs de ahorro y vida frugal, pero aprende a distinguir las buenas de las mediocres. Muchas se limitan a publicar notas de prensa de ofertas y promociones, son como ver una revista donde sólo hay publicidad.
✓ Al hacer tus compras por Internet busca códigos descuento si existe un campo para introducirlo. "código descuento" + el nombre de la tienda.

Invierte en salud ahorrando dinero

Piensa en tu cuerpo por un momento. ¿Acaso no es increíble que tu corazón vaya a latir 110.000 veces en las próximas 24 horas? Esa sangre que bombea tu corazón, va a distribuir todo lo necesario a todos tus órganos, moviéndose a través de 80.000 kilómetros de vasos sanguíneos.

Si pusiéramos todos tus músculos empujando en una sola dirección igualarían una potencia de 25 toneladas. Todo esto sucede en un organismo que está compuesto en un 70% de agua y que está dirigido por un órgano de sólo 1,4 Kg, al que llamamos cerebro, capaz de almacenar 2.5 petabytes (2.621.440 Gigas) de información.

Si no lo estás haciendo ya, debes tratar a tu cuerpo y a la vida con absoluto respeto y veneración. Porque la vida es maravillosa, y el hecho de estar vivos es el mejor de los regalos. Es la única que tendrás, no hay segundas oportunidades, así que cuídate.

¿Te has preguntado alguna vez por qué hay personas de 70 años pletóricas de salud y en cambio otras con 40 apenas tienen energía suficiente para acabar el día? Todo patrón deja huella, y la salud no es una excepción.

Si nuestro propósito es ahorrar creo que debería ser una absoluta prioridad comenzar a recortar en aquello que además de perjudicial para nuestro bolsillo también lo es para nuestra salud.

Come saludable

Seguir una dieta rica y variada no es lo más barato, pero desde luego sale más económico que alimentarse de precocinados, refrescos, dulces, y comida rápida. Así que ahorra en comida basura e invierte en una dieta saludable: verduras, legumbres, huevos, pollo, pescado, algo de fruta y frutos secos crudos.

Come en casa

Renuncia a la comida basura, las tapas del bar, los aperitivos de máquina, los refrescos y las bebidas alcohólicas, las golosinas, la bollería industrial y los aperitivos fritos o salados. Si no puedes comer en casa se previsor y llévate la comida preparada de casa. Merece la pena.

Bebe agua

Ninguna otra bebida tan sana y barata como el agua del grifo. ¿Sabías que un refresco contiene hasta 12 cucharaditas de azúcar? ¿Y que a los refrescos light les añaden sustancias tan cuestionadas como el aspartamo? Si el agua del grifo tiene un mal sabor usar una jarra con filtros es más económico que comprar agua mineral.

Deja de fumar

Uno de cada dos fumadores fallece por enfermedades relacionadas con el tabaco, siendo la primera causa de muerte evitable en los países industrializados. ¿Quieres más motivos? Calcula cuanto gastas al año en tabaco o cuánto podrías ahorrar el resto de tu vida si dejas este vicio insano.

Cancela tu televisión de pago

Ver algún programa interesante o una peli de vez en cuando está bien, pero seguro que no necesitas un paquete con docenas de canales, especialmente teniendo Internet. Cuidado con los paquetes de "ahorro" Internet + teléfono + TV y sus permanencias.

No uses las cabinas de rayos UVA

Las cabinas solares multiplican por seis el riesgo de sufrir cáncer de piel. Querer estar moreno todo el año es una obsesión. El sol tomado en su justa medida es la mejor fuente de vitamina D, y es gratis.

Plan alternativo al sábado noche

Existe vida más allá del alcohol. Por ejemplo una reunión en casa con los amigos o la familia, cena, peli, juegos de mesa...

No cojas el coche

Sobre todo para desplazamientos cortos. Disfruta usando la bicicleta o de un buen paseo.

Ahórrate la cuota del gimnasio…

…Y entrena en casa. Las máquinas de los gimnasios comerciales son necesarias y en muchos casos inútiles. Haz ejercicios con tu peso corporal, calistenia, tabata, intervalos de alta intensidad (HIIT) y sólo si de verdad te gusta invierte en un juego de discos, barras y quizá alguna kettlebell: te dudarán toda la vida, incluso podrás dejarlos en herencia.

Haz ayuno intermitente

El ayuno intermitente (en inglés Intermittent Fasting) consiste en no tomar ningún alimento durante 24 horas, salvo agua. Numerosos estudios científicos respaldan los beneficios sobre la salud de realizar periódicos ayunos programados (no confundir con permanecer en un constante estado de inanición) por ejemplo una vez por semana.

Invierte hoy en salud para ahorrar mañana en medicinas

Igual que "yo no quiero ser el más rico del cementerio" es la excusa de los despilfarradores el "de algo hay que morir" es la preferida de quienes optan por descuidar su salud. Es cierto que no entendemos el 100% de variables que influyen en nuestra longevidad y calidad de vida, o que otras vienen marcadas por la herencia genética. Sin embargo un porcentaje muy alto de cómo y cuánto viviremos depende de nuestro estilo de vida.

Es tu responsabilidad cuestionar, contrastar y ser crítico con toda la información que te llegue, pero quiero dejarte un punto de partida: lo llaman "dieta paleo", pero no te dejes engañar por el nombre, ni es una dieta, ni consiste en vivir como el hombre del paleolítico. Su punto de partida es que, dando por válida la teoría de la evolución, los seres humanos estamos mejor adaptados a los alimentos de los que nos hemos alimentado durante el 99% de nuestra historia: carne, pescado, verduras, frutas...

La agricultura sólo tiene 10.000 años de antigüedad (el ser humano al menos 2,5 millones), el azúcar, las grasas trans o los aditivos artificiales son inventos modernos de la industria alimentaria. Vuelve a tus orígenes.

El factor Latte

El *factor Latte* es un término que ha popularizado el autor de libros de finanzas personales David Bach para referirse a esos pequeños gastos diarios que no parecen gran cosa, pero que puestos en perspectiva suponen un gran agujero en nuestra economía doméstica.

Para contrastarlo Bach dice que si nos quitamos la costumbre de tomarnos el café del StarBucks de 4€ los días laborales, al cabo de 20 años habremos ahorrado más de 20.000€

Cada uno tiene su propio factor Latte. Para muchos es el tabaco, echar la quiniela, las apps o las bebidas energéticas. Se trata de identificar el nuestro y proyectar esos gastos en el tiempo para ver en perspectiva cuánto dinero estamos perdiendo por esos pequeños caprichos, para a continuación buscar cómo podemos sustituir esos hábitos por otros más austeros.

Pongamos un ejemplo. Quien más o quien menos prácticamente todo el mundo tiene la necesidad de comer y beber algo en su trabajo. Desde el desayuno en el bar con los compañeros, hasta el menú del día en el bar-restaurante, pasando por los snacks y golosinas de las máquinas de vending, y los cafés o refrescos a lo largo de la jornada laboral.

Haremos números basándome en la rutina diaria de un conocido mío:
- Desayuno en el bar: 2.5€

- Café y refrescos a lo largo de la mañana: 2€
- Snaks y aperitivos de la máquina: 3€
- Menú del día: 7.5€

Esto suma un total 15 euros al día. O lo que es lo mismo casi 4000 euros al año (y por suerte mi conocido no fuma ni bebe alcohol). Esta es la mayor demostración de que cada euro cuenta, y que muchos pocos hacen un mucho.

Sería cuestión de que hicieras tus propias cuentas. Pero en términos generales llevando nuestra propia comida preparada en casa en un tupper y la bebida en un termo (o botella de agua congelada) estaremos ahorrando en torno al 90%. Y con la ventaja añadida de comer más sano (si queremos, claro).

Puestos a buscar justificaciones para no hacerlo, podríamos decir que los desayunos en la cafetería y las comidas fuera son una buena forma de ser sociables y compartir un momento con los compañeros del trabajo. Bien, ¿entonces por qué no les animamos a ellos a hacer lo mismo?

No subestimes ningún gasto por pequeño que sea. Calcula cuánto puedes ahorrar al cabo de un año con esos pequeños caprichos que a veces hacemos por inercia y costumbre, pero que son totalmente prescindibles.

"Cuida de los pequeños gastos; un pequeño agujero hunde un barco".

Benjamin Franklin

El impuesto de los que no saben matemáticas

Dicen que la lotería es el impuesto del Gobierno para los que no saben matemáticas. En efecto Loterías y Apuestas del Estado destina a premios únicamente el 50 o el 55 por ciento de lo recaudado, el resto pasa a engordar las arcas del estado.

Pero ¿quién no ha imaginado alguna vez qué haría si le tocase la lotería? Parece que el relativamente bajo coste de una participación compensa con creces la ilusión que despierta el tener una posibilidad, por pequeña que sea, de levantarnos un día siendo millonarios.

No perdamos la perspectiva: según el INE, los españoles gastamos de media 642€ al año en juegos de azar. Teniendo en cuenta los que predominan en España, que alguien se acerque a esa cantidad me parece totalmente desproporcionado, y más aún considerando las remotas probabilidades de obtener un primer premio:

- Lotería de navidad: 1 posibilidad entre 85.000
- Lotería nacional: 1 posibilidad entre 600.000
- La quiniela:1 posibilidad entre 4.782.969
- Lotería primitiva: 1 posibilidad entre 13.983.816
- ONCE: 1 posibilidad entre 15.000.000
- El gordo de la primitiva: 1 posibilidad entre 31.000.000
- Euromillones: 1 posibilidad entre 76.000.000

Y con las máquinas tragaperras, juegos de casino y bingos lo mismo, sólo que encima los premios son de menor cuantía.

Participar en juegos de azar apostando dinero presenta varios inconvenientes. El principal es que tenemos muchas posibilidades de perder todo el dinero jugado y muy pocas de obtener algún premio. Además nos estamos privando de gastar ese dinero (¡6.420 euros en 10 años!) en algo más ventajoso, como amortizar el pago de la hipoteca, cancelar deudas, realizar inversiones o sencillamente ahorrarlo.

Pero sin duda lo más grave sería llegar al punto de poner todas nuestras expectativas de mejora en manos del destino, en vez de tomar las riendas de nuestra economía y hacer lo que debemos hacer. Personas que de forma sistemática destinan un porcentaje importante de sus ingresos y juegan todas las semanas, o incluso todos los días, tienen un grave problema. Soñar es bonito, pero a veces conviene bajarse de la nube.

"El hombre prudente fabrica su propia suerte".

Plauto

El principio de Pareto aplicado a la ropa

Vilfredo Pareto (economista, sociólogo y filósofo italiano) observó que la sociedad de forma natural se divide en dos grupos proporcionales. Un grupo minoritario, formado por el 20%, ostenta el 80% de algo y el grupo mayoritario, estando formado por el 80% restante tan solo acapara el 20% de ese algo.

A este fenómeno se le conoce como el principio de Pareto o ley del 80:20, y desde que se publicó ha sido aplicado en multitud de escenarios: el 20% de la población ostenta el 80% de los recursos, el 20% de los clientes generan el 80% de la facturación de una empresa o que el 20% de los productos de una compañía representan el 80% de las ventas totales.

La ropa y los zapatos no escapan a la ley de Pareto, así es común que el 80% de la ropa que tienes en tu armario sólo la lleves puesta en un 20% de ocasiones, mientras que hay un 20% de ropa que usas el 80% de las veces.

Si este es tu caso cuando vayas a comprar ropa nueva céntrate en adquirir aquellas prendas que vas a usar el 80% del tiempo, es decir en el día a día, y descarta o reduce al mínimo las que sólo podrás usar en ocasiones muy concretas.

¿Qué puedes hacer?

✓ Escoge prendas que puedas usar la mayor parte del tiempo (recuerda 80:20).

✓ No seas una fashion victim: huye de lo extravagante y las modas. Opta por aquello fácil de combinar, básico y atemporal. No pises tiendas como Zara, su negocio consiste en diseñar ropa sobre ideas extravagantes que en poco tiempo ya no estén de moda para garantizarse que vuelvas a la tienda en poco tiempo.

✓ Aprovecha las rebajas y tiendas con ropa a precio de derribo como Primark y las grandes superficies. Pero compra sólo lo que realmente necesites.

✓ Libérate de prejuicios y contempla adquirir ropa en tiendas de segunda mano o intercambiar ropa.

✓ Llévate de compras alguien que sea sincero contigo y te diga cuando algo no te queda bien.

✓ Comprar ropa por Internet puede no ser una buena idea si no puedes ver cómo te sienta antes.

✓ Sé capaz de diferenciar cuándo un producto de marca ofrece un plus de calidad y cuándo su sobrecoste responde únicamente al márketing y/o la ostentación de la propia marca.

✓ No compres ropa de imitación. Para mí no existe nada más ridículo que pagar un producto de mala calidad, más caro, con el único fin de aparentar y llenarnos de logos cual mono de piloto de fórmula 1.

- ✓ Para que tu ropa dure más, sigue las instrucciones de lavado de las etiquetas, lávalas en frío y ciclo corto, y no uses más detergente del necesario. Las prendas siempre del revés, con los botones y las cremalleras echadas. Separa la ropa blanca y la de color. Tiende la ropa nada más finalizar el lavado y plancha o dobla para guardar nada más recogerla.
- ✓ Evita comprar ropa con partes adheridas que puedan despegarse con el tiempo, tejidos que formen "bolas" o especialmente delicadas (a no ser que disfrutes lavando a mano).
- ✓ Aprovecha la ropa de publicidad que te regalan como pijama, para estar en casa, hacer ejercicio o para tareas que impliquen ensuciarse.
- ✓ Recicla tu ropa vieja para trapos, disfraces, o reconvertirla.

"Las modas van y vienen, cambian siempre. La estupidez de quien las sigue es permanente".

Xhelazz

Estafas everywhere

Ofertas de empleo que piden que llamemos a un número de tarificación especial o que enviemos dinero para recibir el "kit para trabajar desde casa". Curanderos que aseguran poder curar hasta el sida y el cáncer. Páginas web que nos prometen "el secreto mejor guardado" para hacernos millonarios... pagando por ello claro está. Bancos vendiendo preferentes como si fueran depósitos sin riesgo.

Páginas en Facebook que apelan a nuestra compasión para que, mediante imágenes morbosas, donemos a una buena causa... la de enriquecer a gente sin escrúpulos. Apps que prometen servir para espiar las conversaciones de Whatsapp, y lo que hacen es suscribirnos sin nuestra autorización a SMS premium.

Pero vives en la era de la información, y si te engañan es porque te dejas.

"No creas en todo lo que oyes:
No gastes todo lo que tienes;
No duermas tanto como puedas".

Proverbio chino

Obsolescencia programada

'*Comprar, tirar, comprar*' es el título de un documental que muestra qué es la obsolescencia programada y cuáles son sus consecuencias. La historia comienza con la primera bombilla puesta a la venta por la compañía de Thomas Alba Edison, que tenía una vida útil de 1500 horas.

Más tarde los estudios y mejoras en materiales hicieron posible lanzar bombillas con 2500 horas de duración. Sin embargo más horas se traduce en menos bombillas para remplazar las averiadas y por ende menos ingresos para las fábricas productoras.

Según el documental, en 1924 los fabricantes de bombillas se reunieron en Ginebra y pactaron limitar la vida útil de sus productos a no más de 1000 horas. Y ahí nació la obsolescencia programada, productos diseñados para durar menos y así obligarnos a sustituirlos antes.

Otro ejemplo según el documental son las medias de nylon. A mediados de los años 20 eran prácticamente indestructibles. Años después se comenzaron a vender las que hoy conocemos, medias que se rompen con extrema facilidad y nos obligan a comprar otras con más frecuencia.

A veces es difícil luchar contra los productos que intencionadamente o no están hechos para durar poco, pues es algo que únicamente puede percibirse con el uso en el largo plazo. Pero no estamos completamente desarmados.

Dentro de esta clase de productos encontramos los cartuchos de impresora. Muchos llevan un chip que limita el número de impresiones de los mismos. Dejan de imprimir, aunque la tinta en su interior no se haya agotado. En internet es posible encontrar programas y tutoriales para saltarse esta limitación.

En el apartado de vehículos existen multitud de estudios que año tras año sitúan a las marcas japonesas como las más fiables y las que menos visitan los talleres.

Algunos fabricantes están tan convencidos de la superioridad de sus productos en términos de calidad que ofrecen garantías que duran varios años más que las de la competencia o las obligatorias por ley.

En el caso de los Smartphones es muy frecuente en algunos fabricantes dejar de ofrecer las actualizaciones a los pocos meses, quedando nuestro teléfono sin las novedades ni parches de seguridad. ¿Por qué la gente sigue comprando a esas marcas a sabiendas de lo que hacen?

Pagar más por lo mismo

Otro engaño a la orden del día es tomar un producto de toda la vida, cambiarle el nombre, montar la campaña de márketing y voilà! Un ejemplo que se me viene a la mente es el del Afterbite.

Todos los veranos nos repiten el mismo anuncio "te pique el bicho que te pique, ponte Afterbite". Y todos los veranos hay gente que pica, y se lo compra. Pero si miramos la composición vemos que es 100% amoníaco. De modo que por los 5 euros que cuesta este producto que tan solo contiene 14ml podríamos comprar ¡unos 10 litros!

Productos milagrosos

Cremas que prometen hacernos adelgazar mientras dormimos. Eco-bolas para lavar sin detergente. Imanes que reducen el consumo de carburante o gas. Pulseritas Powebalance con todo tipo de beneficios para nuestra salud. Aparatos que los enchufas y te ahorran un 20% de electricidad. El mercado es una jungla, y los incautos tienen las de perder.

Uno de los blogs que recomiendo leer para estar al día de tanto timador es Naukas.es concretamente su sección Alerta magufo: homeopatía, reflexología podal, acupuntura, reiki... no se libra nadie y todo expuesto y argumentado desde el punto de vista científico.

Un ejemplo: "Imán MHD (magneto-hidrodinámica, o más conocido como MaxiCal) ¿Funciona? ¡Por supuesto!... Separa a los malos estudiantes de secundaria de sus ahorros."

Más ejemplos. Numerosos estudios han demostrado la absoluta ineficacia de los aparatos repelentes de insectos por ultrasonidos. ¡Pero siguen a la venta, y la gente los sigue comprando!

Los ladrones llaman a tu puerta

– "Buenos días, estamos realizando una campaña de información en el barrio debido a los robos con violencia que han ocurrido aquí últimamente".

Así es como los comerciales de una conocida marca de alarmas colocan sus caros e inútiles "sistemas de seguridad". Caros por su precio de adquisición y cuota mensual (con su correspondiente contrato de permanencia) "para estar conectado a la central de alarmas".

Inútiles porque con un simple inhibidor de frecuencias, aparato que se puede adquirir fácilmente por internet y que no es en absoluto caro, el moderno sistema de seguridad queda completamente desactivado. Esto por supuesto lo saben los cacos, y es el motivo por el que donde hay una vivienda con una placa anunciando una de estas alarmas más que disuadir lo que hace es atraerles, pues deducirán que si tienen alarma es que tienen objetos de valor que proteger.

Los comerciales usarán el miedo para que firmes el contrato en el acto, pues si buscas información por Internet podrías darte cuenta del engaño. Nuevamente he aquí la importancia de tomar decisiones de compra informadas y no dejarnos aconsejar por quienes tienen conflicto de interés.

Este es sólo un ejemplo. Otro podría ser el de los comerciales precarios que a comisión y mediante engaños hicieron que mucha gente perdiera su bono social y cambiara su contrato de la luz por unas tarifas con descuentos para terminar pagando más.

Jamás confíes en quien llama a tu puerta o tu teléfono para intentar venderte algo, especialmente si afirman que no quieren venderte nada sino ofrecerte un descuento o regalo. Tampoco intentes rebatir, es una pérdida de tiempo pues al cabo de un día obtienen tantas negativas que tienen preparadas salidas para todo.

El banco no es tu amigo

Intentarán colarnos productos como tarjetas, seguros y planes de pensiones el mismo día de la firma de nuestra hipoteca. Si los tipos van a bajar, nos meterán abusivas cláusulas suelo. Si van a subir, venderán complejas coberturas de interés a gente sin formación financiera. Y si no reclamas, te cobrarán comisiones improcedentes.

La persona que nos atiende en el banco no es un amigo en el que depositar nuestra confianza, es un comercial que está para vendernos los productos del banco. Productos que en muchos casos ni siquiera saben en qué consisten realmente. Recordemos lo que pasó con las preferentes.

Su asesoramiento consistirá en que contratemos aquellos productos que a ellos les permitan alcanzar su bonus y aumentar sus probabilidades de ascenso (o que no les echen por vender poco).

Los bancos se aprovechan principalmente de 3 cosas: que a algunos no les gusta leer, que les da miedo preguntar por si parecen tontos y que muchos otorgan credibilidad a una persona por el mero hecho de trabajar en un banco y vestir un traje.

Así que olvídate de aceptar y mucho menos pedir consejo al banco. Al banco se va a contratar, no a asesorarnos. El consejo se busca donde no exista conflicto de intereses. Asesorarte y saber lo que firmas es tu responsabilidad, al igual que buscar y comparar entre lo que nos ofrecen las distintas entidades.

¿Qué puedes hacer?

✓ Las comisiones son el impuesto a la holgazanería. Busca un banco que no te cobre comisiones de ningún tipo: mantenimiento, administración, transferencias... ¡Y cámbiate!

✓ Da de baja el resto de cuentas que tengas abiertas. Aunque no las uses pueden continuar generando comisiones anuales, incluso si antes no las cobraban.

✓ Da de baja tus tarjetas de crédito. Con una tarjeta de débito es más que suficiente. Busca una sin comisiones.

✓ Sé planificado para evitar descubiertos en la cuenta que puedan ocasionar comisiones por parte del banco y recargos por parte de las compañías de suministros.

✓ Si estás atrapado en una cuenta con comisiones que debes mantener para el cobro de la hipoteca debes saber que "no corresponde a los clientes soportar ninguna comisión por mantenimiento y/o administración cuando las cuentas se mantienen, con la finalidad de ser utilizadas exclusivamente para abonar los intereses de un depósito, o para dar servicio a un préstamo hipotecario". Palabras del Banco de España.

Los "regalos" del banco

Desde la tradicional vajilla hasta televisores pasando por todo tipo de productos que las entidades bancarias usan para engatusarnos y que les llevemos nuestros ahorros o la nómina.

El sistema es sencillo: abrimos un depósito o cuenta en la que nos comprometemos a mantener un saldo mínimo y ellos, en lugar de pagarnos los intereses que nos corresponden lo hacen en especie.

Observando el tipo de regalos que suelen ofrecer nos damos cuenta que tienen dos tipos de cliente objetivo: personas mayores o jóvenes carentes de cultura financiera.

¿Merece la pena? Sí, si quieres "regalar" dinero al banco. Normalmente la misma entidad dispone de depósitos en los que haciendo números, ingresando la misma cantidad de dinero obtendremos una rentabilidad superior al coste del regalo.

Al amortizar hipoteca ¿es mejor reducir cuota o plazo?

Existe una creencia extendida sobre este asunto que asegura que siempre es más beneficioso reducir plazo que cuota. Lo cierto es que es exactamente equivalente, siempre que lo que ahorramos en cuotas lo reinvirtamos en volver a amortizar al elegir la segunda opción.

Una vez aclarado este punto, entran en juego otras dos variables: el Euribor y la inflación. Si pudiéramos saber cómo se va a comportar el Euribor podríamos actuar en consecuencia, quitándonos plazo si la previsión es que suba, o reduciendo cuota si lo previsto es que baje. No obstante nadie tiene una bola de cristal para saber qué decisiones arbitrarias adoptarán los Bancos Centrales y hacia dónde se moverá el Euribor, por lo que no tiene sentido preocuparse por ello. En cuanto a la inflación lo más previsible es que suba con los años lo que inclina la balanza ligeramente a quitarnos cuota.

Pero el motivo principal por el que recomiendo optar por reducir cuota es que irás más desahogado mes tras mes, y podrás hacer frente mejor a eventualidades como una reducción de ingresos o gastos imprevistos.

En cualquier caso tanto si decidas quitarte cuota como plazo no lo dudes, quitarte deuda es lo mejor que puedes hacer. Y si además tienes derecho a la desgravación en el IRPF por vivienda habitual mucho más aún.

Lo que el banco nunca te contará antes de firmar tu hipoteca

➢ Pide siempre una oferta vinculante antes de acudir al notario, evitarás que el banco cambie condiciones o añada productos que debas contratar a última hora.

➢ Evita los créditos hipotecarios. A diferencia de los préstamos hipotecarios no te puedes cambiar de banco si en un futuro te interesa, son hipotecas-esclavitud.

➢ Atento a todas las comisiones, especialmente por cancelación total o parcial anticipada y subrogación.

➢ Atento a las clausulas abusivas, como los suelos hipotecarios.

➢ Cuidado con la vinculación. Un préstamo hipotecario que a priori pueda parecer más económico puede no serlo tanto si consideramos las 'obligaciones' que pueda conllevar: seguro de vida, seguro de hogar, seguro de protección de pagos, tarjetas y cuentas con comisiones, cobro por el envío de correspondencia o por operaciones habituales, plan de pensiones.

➢ Si tienes comisión por cancelación total amortiza todo menos 1€, y así se cobrarán la comisión sólo sobre ese euro en la última letra.

➢ El banco no te puede cobrar nada por el certificado de cancelación de hipoteca (necesario para ir al notario y hacer la escritura de cancelación).

Fondos y depósitos: la banca siempre gana

El abanico de fondos que ofrece un banco es inmenso. Monetarios, renta variable, mixtos, globales, emergentes, inmobiliarios, tecnológicos... pero todos tienen algo en común: son la garantía de una mala inversión para el ahorrador, y un negocio redondo para el banco.

El negocio de los bancos no está en invertir bien y hacer ganar dinero a los partícipes de sus fondos cobrando una comisión sobre las ganancias, sino en vender el producto a cuantos más incautos mejor para llenarse los bolsillos con las comisiones de gestión, inviertan bien o mal.

Según un estudio sobre la *'Rentabilidad de los Fondos de inversión en España. 1998-2013'* la rentabilidad media de los fondos de inversión en España en los últimos 15 años (1,98%) fue inferior a la inversión en bonos del estado español a 15 años (4,4%), y de los 614 fondos analizados 52 tuvieron pérdidas y sólo 15 tuvieron una rentabilidad superior al de los Bonos del Estado.

Si del estudio excluyéramos los fondos de las gestoras independientes Bestinver y Metavalor (que no son bancos) los resultados serían todavía más demoledores.

¿Y qué hace el Estado? Pues animar a la gente a depositar sus ahorros en este tipo de vehículos mejorando la fiscalidad de los mismos en beneficio claro de los bancos.

Ostentar y aparentar: el peor gasto posible

Una determinada marca puede ser en muchos casos garantía de fiabilidad o calidad. En otros sin embargo el único plus que ofrecen en relación a otras es precisamente su alto precio. Sobre todo se nos vienen a la cabeza determinadas firmas de ropa y complementos. No es necesario mencionar ninguna de ellas en concreto, son conocidas por todos.

Buscan un perfil de cliente muy concreto: aquel que busca impresionar, ostentar, o en el peor de los casos intentar aparentar un nivel económico que no posee. Todo ello producto de la poca estima que se tienen a sí mismos y de su preocupación por la imagen que tienen los demás de ellos.

La impresión que causan en mí esas personas es justamente lo contrario de lo que pretenden: que en absoluto son capaces de administrar su dinero de forma inteligente.

Uno de los ejemplos más extremos lo encontramos en la aplicación *'I am rich'* (soy rico) aplicación que podíamos adquirir para iPhone por 799€ y que no servía absolutamente para nada. Bueno si, para *alardear* de poder haber gastado ese dinero en algo que no sirve absolutamente para nada. ¿Existe algo más estúpido?

Si de verdad tratas de impresionarme háblame de tus activos, qué inversiones tienes, qué negocios has emprendido o qué trucos empleas para ahorrar. La riqueza se mide en ahorro, no en tu capacidad para malgastar el dinero, eso sabe hacerlo cualquiera.

No intentes impresionar a los demás gastando dinero ¿de verdad quieres la amistad o el amor de quién tiene interés en tu dinero y no en lo que eres? Tú puedes ser todo lo feliz que desees sin que los demás te den su aprobación. Importan tus objetivos y metas, no lo que piensen los demás.

"Hemos construido un sistema que nos persuade a gastar el dinero que no tenemos en cosas que no necesitamos para crear impresiones que no durarán en personas que no nos importan".

Emilie Hernri Gauvreay

Pagar a escote

Hay quien no considera políticamente correcto que cada uno se pague lo suyo, sino dividir la cuenta a partes iguales, pero esto puede dar lugar a situaciones tan disparatadas y absurdas como las siguientes:

-Situación hipotética 1: quedas con un grupo de amigos para tomar algo. En principio sólo tienes pensado tomarte un par de cervezas, pero empiezan a invitar a rondas completas y quien menos se pide un cubata. Si paras de beber pueden pensar de ti que eres un aprovechado y que quieres escaquearte de pagar cuando sea tu turno, por lo que no te queda más remedio que invitar a una ronda antes de retirarte. Lo que en principio iban a ser 2 cervezas al final te ha salido por el precio de 8 cubatas.

-Situación hipotética 2: quedas para cenar en un restaurante con un grupo de amigos. Tú vas decidido a gastar lo mínimo posible con el fin de cumplir tus objetivos de ahorro, por lo que cuando los demás empiezan a pedir platos sin medida pones la excusa de que no tienes mucha hambre y pides algo barato. El resto continúa con el postre y el café y cuando tú comienzas a convencerte de que has hecho lo correcto traen la cuenta y alguien dice: —"son 200 euros, entre 8..." y piensas: —"¡Pero si lo mío no llegaba ni a 10 euros!"

Cuando se paga a escote sucede como con los impuestos: algunos piensan que ese dinero no es de nadie y gastan con mucha más alegría que si sólo saliese de sus bolsillos. El derrochador sale ganando y el ahorrador sale perdiendo. Y todo por no haberse puesto de acuerdo de antemano en que cada uno se pague lo suyo.

Algunos incluso consideran de mal gusto dividir la cuenta a partes iguales y piensan que lo correcto es que alguien pague lo de todos. Bien, que cada cual haga lo que le parezca mejor en función de su criterio, el grado de amistad y el tamaño de su cartera.

La cultura del gasto

14 de Febrero, San Valentín. Un día importante...
especialmente para los grandes almacenes,
perfumerías, floristerías, bombonerías, etcétera.
¿Pero no sería más especial tener un detalle
cualquier otro día menos predecible?

La mayoría de la gente estará de acuerdo con esto y
sin embargo, posiblemente para evitar la incómoda
situación de tener que dar explicaciones cada vez
que nos hagan la pregunta —"¿Y a ti que te ha
regalado tu novio/a?" Terminamos sucumbiendo a
esta costumbre comercial.

A alguien podrá parecerle una frivolidad que trate el
día de los enamorados en un libro de ahorro. En
cambio yo pienso que lo verdaderamente frívolo es
tratar de comprar el amor de una persona por medio
de regalos.

Las personas que hacen los regalos más caros a sus
parejas son en su mayoría personas inseguras, con
una pobre imagen de sí mismos, que creen no estar
a la altura de la otra persona y tratan de equilibrar
esa desigualdad gastando grandes cantidades de
dinero.

¿Qué puedes hacer?

- ✓ Busca una alternativa de alto valor sentimental y bajo coste económico. Algo hecho por ti, original, sincero y personal siempre será mejor que el más caro de los regalos.
- ➤ Un vídeo con un collage de fotos de los dos, y música romántica.
- ➤ Un masaje, con aceites y fragancias.
- ➤ Una cena especial, hecha por ti.
- ➤ Un poema único, dedicado a la persona que amamos.
- ➤ Un corcho con fotos de los dos.
- ➤ Una canción compuesta por nosotros.
- ➤ Unos vales del amor, "vale por un masaje", "vale por un desayuno en la cama"…

En otras fechas en las que culturalmente nos vemos avocados al gasto como en Navidad, los cumpleaños o el día del padre o la madre la idea sería la misma. Pero ¿Y con familiares y amigos?

- ➤ Haz el amigo invisible en lugar de que todos regalen a todos.
- ➤ Barbacoa en vez de comer fuera.
- ➤ Llevar la comida hecha en casa a la playa.
- ➤ Tarde de películas en casa en vez de ir al cine.
- ➤ Noche de juegos y cena en casa: adivinar palabras en equipos por mímica o dibujos, contar chistes y anécdotas, karaoke, juegos de mesa o cartas…

CAPÍTULO 5:

Trucos para ahorrar, alternativas de ocio e ideas para obtener nuevos ingresos

"Nada es particularmente difícil si se lo divide en pequeñas tareas".

Henry Ford

Hackea tu cerebro para ahorrar más

Cuando iniciamos una nueva actividad, por ejemplo aprender a conducir, estamos empleando la parte más evolucionada de nuestro cerebro: el neocórtex. Supone una demanda elevada de energía y es agotador, tienes que *'calcular'* cada movimiento y centrar toda tu atención en lo que estás haciendo.

Pero nuestro cerebro, que tiende a economizar esfuerzos, con el paso del tiempo asimila lo aprendido pasando a usar los ganglios basales, que es cuando ya podemos realizar una actividad *'en piloto automático'* (como respirar o caminar) pues ya la hemos interiorizado.

"Primero creamos nuestros hábitos y después nuestros hábitos nos crean a nosotros".

John Dryden

De ahí radica la importancia de ahorrar desde el principio todos los meses una determinada cantidad, por pequeña que sea. Una vez adquirido el hábito de pagarnos primero a nosotros mismos tendremos puesto el *piloto automático del ahorro*.

Algunos mind-hacks que pueden ayudar:

- **La funda de tu billetera:** Haz una funda para tu cartera donde anotes tus objetivos de ahorro o límites mensuales de gasto. Puedes incluir imágenes que simbolicen aquello que deseas conseguir mediante el ahorro, frases que te inspiren o aquello que te motive. Cada vez que saques tu tarjeta de débito o dinero en efectivo recordarás tus metas.

- **Record de días:** ¿Cual es el número de días que puedes estar sin tener *'gastos hormiga'*?. Utiliza una pizarra y comprueba hasta donde puedes llegar. Cuando alcances tu record intenta batirlo de nuevo.

- **La apuesta:** Coge 50€ o la cantidad que te parezca bien e introdúcelos en un sobre, escribiendo en él tu objetivo: ahorrar una determinada cantidad, dejar de fumar o el objetivo que te plantees. Ahora apuéstatelos con un amigo, con tu pareja, con un jefe... Como aliciente añadido si lo deseas esos 50€ pueden ser para darte un capricho si ganas la apuesta.

- **El piloto automático:** recuerda que la mejor forma de ahorrar es dejar tus finanzas en 'piloto automático', programar una o varias transferencias mensuales hacia tus cuentas de ahorro. La mayoría de bancos on-line te permiten tener un número ilimitado de cuentas sin coste, y nombrar a cada una como quieras, por ejemplo "fondo de emergencias", "la casa de mis sueños", "mi jubilación".

Ahorrar en ocio

Una de las partidas en las que la gente gasta más dinero es en ocio, y es también donde somos más reticentes a recortar, pues identificamos nuestras aficiones como aquello que realmente nos entusiasma. Pero no se trata de dejar de tener tiempo de ocio y diversión, sino de sustituir unas aficiones por otras, que pueden ser igual de placenteras.

¿Qué puedes hacer?

- ✓ Date de baja de la TV de pago.
- ✓ ¿Tienes acceso a internet? Entonces no necesitas comprar periódicos ni revistas.
- ✓ Colecciona momentos, no cosas.
- ✓ Disminuye al mínimo el gasto en apps, juegos y suscripciones.
- ✓ El cine en casa es mejor. Es más barato. No tienes que tragarte anuncios. Ni aguantar al pesado que se pasa la película hablando o tosiendo. Ni hacer colas. Ni buscar aparcamiento...
- ✓ Todos somos freaks o sibaritas de algo. Procura que no sea de muchos algo y que tu vicio te cueste lo menos posible. Si tienes aficiones caras intenta cambiarlas por otras.
- ✓ ¿Salidas con los amigos? Sustituye las cervezas y las cenas fuera por eso mismo pero en casa.

Cosas que hacer en vez de gastar

- ✓ Aprender un nuevo idioma, a tocar un instrumento, a programar apps... Internet está lleno de recursos gratuitos para que no te cueste nada.
- ✓ Hacer deporte. Puedes hacer ejercicio cardiovascular (caminar rápido, correr, montar en bici) y ejercicios de fuerza con tu peso corporal (flexiones, dominadas, sentadillas...)
- ✓ Leer un libro. Internet está lleno de libros gratuitos, y las bibliotecas también.
- ✓ Practicar Yoga. Aprende con videos de Youtube.
- ✓ Jugar con tus hijos.
- ✓ Tomar el sol. Pero con precaución.
- ✓ Baño caliente + música relajante + aromaterapia.
- ✓ Pon tu música favorita a todo volumen y baila como si nadie te estuviera viendo.
- ✓ Canta en la ducha... o donde te apetezca.
- ✓ Dar un paseo.
- ✓ Quedar con viejos amigos para ponerse al día.
- ✓ Contemplar un atardecer.
- ✓ Hacer el amor.
- ✓ Jugar con tus mascotas.
- ✓ Ver una buena película, serie o documental.
- ✓ Probar una receta nueva.
- ✓ Cama + caricias + cosquillas.
- ✓ Pasa la tarde en una piscina natural o en la playa.

- ✓ Haz una visita a un familiar o amigo que hace tiempo no ves.
- ✓ Camina sin rumbo.
- ✓ Aprende un truco de magia.
- ✓ Masaje con tu pareja.
- ✓ Por turnos, decir trabalenguas.
- ✓ Por turnos, contar chistes hasta llorar de la risa.
- ✓ Por equipos, jugar a adivinar palabras por mímica.
- ✓ Quédate en la cama sin hacer nada.
- ✓ Haz una ruta en bici.
- ✓ Busca nuevos retos.
- ✓ Medita.
- ✓ Una tarde de picnic.
- ✓ Visita un museo el día del espectador.
- ✓ Acude a una fiesta donde sirvan comida gratuita.
- ✓ Aprende a hacer buenas fotos con tu móvil.
- ✓ Mira tutoriales en Youtube: cocina, ilustración, mecánica...
- ✓ Organiza las fotos y los archivos de tu PC.
- ✓ Participa en las fiestas de los pueblos.
- ✓ Visita la web de tu ayuntamiento para conocer actividades gratuitas.
- ✓ Acurrucarte en la cama con tu pareja.
- ✓ Caminar descalzo por la hierba.

"En la vida, las mejores cosas son gratis; y las segundas, demasiado caras".

Coco Chanel

Actitudes frugales que ya deberías estar aplicando

- ✓ Pon a punto tus finanzas personales con los consejos que ya has leído.
- ✓ Aprende a cocinar, prueba nuevas recetas, haz conservas.
- ✓ Aprende a coser.
- ✓ Arregla las cosas tú mismo.
- ✓ Revisa y renegocia todos tus contratos: alquiler, electricidad, seguros, móvil, Internet…
- ✓ Fabrica tú mismo las cosas que tengas posibilidad.
- ✓ Restaura, convierte o recicla tus cosas viejas.
- ✓ Comienza un huerto en casa (si tienes donde).
- ✓ Córtate el pelo tú mismo.
- ✓ Lava tu coche a mano. Hazle el mantenimiento básico.
- ✓ Corta el pelo y baña a tu mascota tú mismo.
- ✓ Haz las reparaciones básicas de tu hogar tú mismo.
- ✓ Aprende a fabricar tu propio jabón, desodorante, champú, friegasuelos, ambientador…

Ideas para obtener ingresos extra

Todo el mundo tiene algo que le entusiasma, un deporte, un hobby, una habilidad... ¿Hay algo que te apasiona? ¿Eres experto en algo? Busca la manera de rentabilizarlo. Muchos negocios de éxito comienzan dedicando algo de tiempo libre al principio.

- ✓ Haz un blog o abre un canal de Youtube sobre eso que te encanta. Monetízalo con publicidad Google Adsense, buscando sponsors o vendiendo contenidos Premium (eBooks, tutorías o consultas personalizadas, Webinars...)
- ✓ Monta una tienda on-line: Shopify, Palbin, Spaces.pe
- ✓ Ofrece clases particulares, presenciales o por Internet por ejemplo en tutellus
- ✓ Vende tus fotos en webs como Fotolia, Dreamstime, Shutterstock, iStockPhoto, BigStock, 123rf...
- ✓ Mini-trabajos por Internet. ¿Eres bueno diseñando webs, traduciendo textos o creando logos? Véndete por Internet en sitios como Fiverr, Geniuzz, Por5pavos, MiniCurro, TeLoHagoPor, GigsBag, Gigalo, Bitrabajo
- ✓ Trabajos por horas: cuidar niños, tareas domésticas, clases particulares, paseador de perros, entrenador personal, pintura, fontanería, albañilería, electricidad, reparaciones, portes, lavado de coches a domicilio, fotografía, Dj y sonido, peluquería y maquillaje a domicilio... Anúnciate en webs de anuncios clasificados o sitios

especializados como CronoShare, etece.es, esLife.es, fretBay.com
- ✓ Vende cosas creadas por ti: patchwork, bisutería, manualidades, complementos... puedes venderlos en eBay, DaWanda, artesanum, Bonanza, Etsy...
- ✓ Busca un segundo empleo, trabajo de fin de semana, trabajos temporales, como figurante, azafata...
- ✓ Vende las cosas que ya no necesites: SegundaMano, WallaPop, FlapSale, MilAnuncios
- ✓ Alquila habitaciones vacías: Airbnb, Wimdu, 9Flats
- ✓ Alquila cualquier cosa que se te ocurra: una plaza de garaje, herramientas, vehículos, joyería... rentamus.es

¿Garantizado?

✓ Nunca compres ampliaciones de garantía.
Son un magnífico negocio para la tienda,
pero una pérdida de dinero para ti. Cualquier
defecto de fabricación, que es lo que cubren
las garantías, saldrá a relucir antes de los 2
años de garantía obligatoria. Cualquier avería
posterior se achacará a un mal uso o su
desgaste natural, por lo que una ampliación
de garantía no te servirá de nada.

✓ Quien tiene que responder por la garantía de
los aparatos es el vendedor, no el fabricante.
Si bien éste puede delegar en el servicio
técnico oficial de la marca, es su obligación
resolver los problemas que puedan surgir tras
la compra y es a él a quien debemos
reclamar.

¿Dónde reclamar?

➢ **Bancos y entidades financieras:** Servicio de Reclamaciones del Banco de España
➢ **Inversiones:** Comisión Nacional del Mercado de Valores
➢ **Seguros:** Servicio de Consultas y Reclamaciones de la Dirección General de Seguros y Fondos de Pensiones
➢ **Telefonía:** Secretaría de Estado de Telecomunicaciones y para la Sociedad de la Información
➢ **Transporte aéreo:** Agencia Española de Seguridad Aérea (AESA)
➢ **Transporte Terrestre:** Juntas Arbitrales de Transporte
➢ **Empresas de Suministro (gas, agua, electricidad):** Direcciones Generales de Industria de las Comunidades Autónomas

No tengas coche

El mejor consejo que puedo darte puede parecerte radical: no tengas coche. ¿Te has parado a pensar el lujo que supone? Haz tus propios cálculos. A la compra del vehículo (o la financiación del mismo con sus intereses añadidos) suma gasolina, mantenimiento, averías, multas, IVTM, ITV, seguro, peajes, parking, zona azul...

Lo mejor que puedes hacer es usar transporte público, ir en bicicleta y caminar. También puedes buscar gente que comparta su coche, entre los compañeros de trabajo o webs como BlaBlaCar. Y si eventualmente necesitas un taxi aún así estarás ahorrando mucho dinero frente a la opción de un coche en propiedad.

Si por un motivo imperante no podemos renunciar al lujo de tener coche (si por ejemplo es tu herramienta de trabajo) lo mínimo que debemos hacer es reducir el número de vehículos en la familia ¿de verdad es necesario que cada uno tenga el suyo? La mayoría de veces no.

Si necesitas un coche ¡nunca nuevo!

El mismo momento en que un coche nuevo sale del concesionario es el peor de su vida. Instantáneamente habrá perdido alrededor de un 30% de su valor. ¿La razón? Tendemos a pensar que la única persona que desearía vender un coche nuevo es aquél que ha descubierto que acaba de comprar un cacharro.

De modo que, aunque no lo sea, ese temor provoca una escasez de compradores potenciales que a su vez origina una drástica bajada de su precio. Y es en este punto, donde la mayoría de las personas sólo ven un alto riesgo, y otras con los conocimientos adecuados pueden encontrar auténticas gangas.

¿Dónde buscar el chollo?

- ✓ Particulares que por necesidades económicas necesitan vender a casi cualquier precio.
- ✓ Empresas de compra-venta que para poder subsistir en este panorama se ven obligadas a reducir sus márgenes de beneficio.
- ✓ Bancos y gestoras de bienes embargados, decomisados de policía, Hacienda, Seguridad Social y órdenes judiciales.
- ✓ Empresas de renting o compañías con grandes flotas de vehículos que van a renovar.
- ✓ Los propios concesionarios que para alcanzar objetivos del fabricante matriculan vehículos que después venden como "kilometro 0". También los de gerencia, exposición o prueba.

Algunos consejos a la hora de comprar:

- ✓ Si no tienes los conocimientos de automoción adecuados, pide a algún amigo mecánico de suficiente confianza que revise el coche por ti.
- ✓ Valora la antigüedad del vehículo por los años y por el estado real del mismo. El cuenta-kilómetros puede no indicar un dato verdadero. Fíjate en detalles como el desgaste de los pedales.
- ✓ Comprueba que el vehículo tiene los papeles en regla, que el número de bastidor se corresponde, ITV pasada (si procede) y solicita en la Jefatura Provincial de Tráfico un informe del vehículo para asegurarnos que no tenga cargas pendientes, que esté dado de baja o el número de dueños que ha tenido.
- ✓ Jamás aceptes el precio inicial. Haz una primera propuesta extremadamente baja, muy por debajo de lo que estarías dispuesto a pagar realmente. Tiempo habrá de ir acercando posiciones. No lleves prisa y harás mejor negocio.
- ✓ No te encapriches de ningún coche. Perder un chollo puede significar encontrar otro mejor. No caigas en la típica trampa de "tengo otro comprador muy interesado eh".
- ✓ A la hora de escoger modelo valora costes de mantenimiento, tipo de combustible y consumo, piezas de sustitución, servicio postventa, garantía, coste del seguro, busca en Internet posibles averías o problemas comunes...

Paga el seguro con lo que te ahorres en combustible

Establecer un objetivo como puede ser renovar el seguro con el dinero que seamos capaces de ahorrar en combustible puede ser una magnifica motivación para muchos. Esta es la idea del diario Cinco Días que en un artículo estima un ahorro de 750 euros al año corrigiendo malos hábitos al volante. Veamos algunos trucos para conseguirlo:

- ✓ Ten tu coche a punto: bujías, filtros, amortiguadores, neumáticos...
- ✓ Conduce a una velocidad moderada y constante, de forma suave. Sin aceleraciones ni frenadas bruscas, anticipando las detenciones levantando el pie del acelerador con antelación, aprovechando la inercia del vehículo y empleando marchas largas a bajas revoluciones.
- ✓ Sal con suficiente antelación. Las prisas no son buenas ni para el consumo ni para la seguridad.
- ✓ En caso necesario, sobre todo en incorporaciones y adelantamientos olvídate del ahorro y piensa en tu seguridad.
- ✓ Aprovecha bien los trayectos. Llena el depósito en la gasolinera del supermercado o haz los recados pendientes que te pillen de camino a casa.
- ✓ Comparte coche para ir al trabajo, o busca compañeros de viaje con los que pagar el combustible a medias.

✓ En ocasiones es preferible optar por caminos más largos si con ello evitamos cruzar zonas urbanas, retenciones de tráfico.

✓ Si vas a hacer un viaje planifica la ruta más económica y comprueba el estado del tráfico.

✓ Evita realizar los trayectos cortos en coche, es donde el vehículo sufre más. Si vas dando un paseo o en bicicleta además ganarás en salud.

✓ Encuentra las gasolineras más baratas cerca de tus rutas habituales. En la web de este libro www.ahorraysefeliz.com encontrarás varias webs y apps para el móvil que te indican el precio de las gasolineras.

✓ Si no te pilla de paso en tus rutas habituales aprovecha para llenar el depósito. Evitarás hacer viajes inútiles que también suponen un gasto.

✓ Quita las bacas si no las estás usando, aumentan el consumo entre un 2 y un 35%

✓ El uso del aire acondicionado aumenta el consumo hasta un 20% y llevar las ventanillas bajadas totalmente un 5%

✓ Evita llevar objetos innecesarios en el maletero, por cada 100Kg el consumo aumenta un 5%

✓ Vigila la presión de los neumáticos, además de ganar en seguridad debes saber que una presión de 0,3 bares inferior a la recomendada aumenta el consumo un 3%

Otros:

- ✓ Si te es posible empadrónate en un municipio donde sea más económico el impuesto de circulación.
- ✓ Compara el precio de las ITV de tu zona, o aprovecha un viaje a una ciudad donde sea más económico para pasarla.
- ✓ Es posible encontrar neumáticos de segunda mano en muy buen estado con un descuento considerable. Pero fíjate también en la fecha de fabricación, si tienen más de 5 años olvídate.
- ✓ Por último anticípate a la renovación de tu seguro y utiliza un comparador on-line para encontrar el mejor precio así como sus coberturas. En la web de este libro encontrarás también un listado de los mejores comparadores de seguros de coche. No tengas ninguna pereza por cambiar si te merece la pena hacerlo. No tengas ninguna pereza por cambiar si te merece la pena hacerlo.

<u>Leyendas urbanas del ahorro:</u>

- ➢ Olvídate de imanes y aditivos para ahorrar combustible. Son un engaño.

- ➢ En descensos pronunciados soltando el acelerador será fácil mantener la velocidad con consumos próximos a 0. Al contrario de lo que popularmente se cree, el coche gasta menos con una marcha metida que en punto muerto (que además es peligroso).

Cuidado con las multas

Todo este esfuerzo por ahorrar gasolina puede verse truncado si cometemos alguna infracción y nos pillan. Lo que muchos no conocen es la cantidad de paparruchas que los agentes de la ley pueden usar de excusa para multar poniendo nuestra seguridad como pretexto:

- No indicar a la DGT un cambio de domicilio. 80€
- Comer o beber mientras conduces. 200€
- Conducir sin camiseta. 200€
- Apoyar el codo en la ventanilla. 80€
- Llevar la música demasiado alta. 80€
- Circular sin paragolpes. 200€
- Circular con los neumáticos desgastados. 200€
- Llevar la matricula sucia. 80€
- Llevar publicidad en la matrícula. 80€
- Conducir con auriculares. 200€
- Usar el claxon si no es para evitar un accidente. 80€
- Dejar el coche en doble fila. 200€
- Poner un cartel de "se vende". 200€
- Circular con el carné caducado. 200€
- Llevar herramientas de trabajo en el maletero como una azada, utensilios de juego como un bate de beisbol, aparejos de pesca o cualquier objeto que pueda ser usado como arma. 300€
- Llevar una cámara tipo GoPro grabando. 1500€ y retirada de la cámara.

Haz el mantenimiento básico tú mismo

Si nuestro coche está aún en garantía no nos queda más remedio si no queremos perderla que buscar un taller para realizar el mantenimiento (no tiene por qué ser el oficial). Pero si ya estamos fuera del periodo de garantía podemos ahorrar mucho dinero realizando el mantenimiento básico nosotros mismos.

Es común que por un simple cambio de aceite y filtros los concesionarios oficiales nos pidan cantidades entorno a los 200-300€ (y no hablo de marcas premium) por algo que en materiales no supera los 40€ y que podemos hacer nosotros mismos en pocos minutos.

En cuanto a las reparaciones los talleres están muy mal acostumbrados por sus propios clientes, que les dejan sus coches y les pagan lo que les digan sin rechistar. Pide presupuesto en varios sitios siempre.

Si somos lo suficientemente manitas en Internet podemos encontrar manuales y foros donde usuarios de todas las marcas y modelos comparten sus conocimientos para realizar reparaciones sencillas (y no tanto).

Los desguaces y el propio Internet nos proveen de piezas y recambios a un precio varias veces inferior a los suministrados la marca. Incluso existen sitios donde podemos alquilar por horas un box con foso y herramientas.

¿Todo riesgo o terceros?

En caso de siniestro total las aseguradoras únicamente nos ofrecerán el valor a nuevo del vehículo cuando éste no supera una determinada antigüedad, que generalmente suele ser 2 años. A partir de entonces únicamente ofrecen el valor venal del vehículo, una depreciación exagerada que no guarda proporción con la posible bajada que puedan aplicar al seguro por bonus (en muchos casos incluso nos subirá la prima).

Haz tus propios cálculos, consulta las condiciones de la póliza y valora qué es mejor para ti, pero generalmente no conviene tener el seguro a todo riesgo más allá de los dos primeros años de vida del vehículo.

Además si guardas en tu fondo de emergencia la diferencia entre un todo-riesgo y un terceros en pocos años habrás ahorrado lo suficiente para hacer frente a posibles reparaciones o poder adquirir un nuevo vehículo de segunda mano en caso de necesidad, con el aliciente de que si no se da esa situación el dinero lo sigues teniendo.

Trucos para ahorrar en el súper

Cuando entras en un súper estás entrando en una gran trampa diseñada para cazar tu dinero. Psicólogos, sociólogos, antropólogos y publicistas estudian cómo afectan los colores, la música, la iluminación, la distribución de los pasillos, los olores... Nada se deja al azar. Seguro que te ha pasado. Vas al súper a por 4 cosas y terminas comprando mucho más. A veces parte de la compra termina estropeándose y acaba en la basura. ¿Cómo evitarlo?

- ✓ **Elabora un menú semanal.** De este modo evitamos comprar a ojo y tener que tirar alimentos por comprar en exceso.
- ✓ **Haz una lista.** Y cíñete a ella. El objetivo es comprar sólo lo necesario. Apunta las cosas según se vayan acabando si no quieres que se te olvide nada.
- ✓ **Si compras barato algo que no necesitas en realidad estás comprando caro.** Así que cuidado con salirte de tu lista y dejarte seducir por ofertas y promociones.
- ✓ **Aprovecha las ofertas**, los 'precios gancho', las tarjetas de fidelización y los cupones descuento siempre que realmente necesites el producto promocionado y no te inciten a comprar más de la cuenta.
- ✓ **Desconfía.** Detrás de los 3x2 y los días sin IVA la mayoría de veces se infla el precio habitual de modo que la oferta no es tal. Conocer los precios habituales evitará que te engañen.

✓ **Nunca vayas a comprar con el estómago vacío.** Te entrará todo 'por los ojos' y terminarás comprando más.

✓ **Fíjate en el precio por kilo o litro.** No siempre el 'formato ahorro' o el 'pack familiar' es más económico. La calculadora del móvil es tu amiga.

✓ **Opta por marcas blancas.** Muchas incluso superan al producto de marca o como mínimo lo igualan, pero al no gastar dinero en publicidad resultan mucho más económicas. De hecho la mayoría de marcas blancas son producidas en las mismas fábricas que las de primera marca. Con la misma materia prima e igual proceso de elaboración.

✓ **Compara el precio entre supermercados.** Visita las webs de los supermercados y haz una hoja de cálculo comparando los precios de los productos que compres habitualmente para determinar dónde te interesa comprar cada producto.

✓ **Elige alimentos no elaborados.** Son más sanos y económicos (huevos, pollo, arroz, patatas, legumbres...) Huye de los precocinados, la bollería industrial, las golosinas y los aperitivos de picar.

✓ **No pierdas el tiempo mirando folletos de publicidad.** Casi todo son productos de marca, y alimentos elaborados.

✓ **Mira en los lineales inferiores.** Lo más caro suele colocarse a la altura de los ojos.

✓ **Usa el congelador.** Los productos congelados suelen ser más baratos que los frescos. Además te permite aprovechar las ofertas y los descuentos por cantidad.

- ✓ **Atento a la fecha de caducidad.** Los supermercados reponen los productos frescos colocándolos detrás o debajo de los de pronta caducidad.
- ✓ **No desperdicies.** Una vez en casa consume primero los productos que antes se estropean y recuerda que las fechas de caducidad son orientativas.
- ✓ **Ve a comprar cuando hay menos gente.** Irás más rápido y te detendrás menos.
- ✓ **No lleves a los niños contigo.** Evitarás sus antojos y distracciones.
- ✓ **Lleva las bolsas de casa.** Todo ahorro suma a largo plazo.
- ✓ **Revisa el ticket y comprueba el cambio.** Precios erróneos, productos cobrados por duplicado, promociones que no se aplican... ¡Comprueba todo!
- ✓ **Elimina intermediarios.** Intenta comprar directamente a agricultores o ganaderos.

Trucos para ahorrar en climatización

✓ La mejor forma de ahorrar en climatización es un óptimo aislamiento: doble o triple cristal, ventanas con perfil de PVC y rotura de puente térmico, aislamiento en paredes, suelos y techos, y cubrir convenientemente las filtraciones de aire.

✓ Infórmate de las subvenciones para mejoras en la eficiencia energética de tu vivienda o comunidad.

✓ Cierra puertas y ventanas cuando estés usando el aire acondicionado o la calefacción.

✓ El aparato de calefacción más eficiente es la bomba de calor. Pros: es más rápido, nos permite tenerlo conectado sólo donde estemos, posibilita ahorrar las cuotas del gas durante el resto del año (según el sistema de ACS que tengamos). Contras: el gas natural es más cómodo y el precio de la electricidad en la actualidad sube más rápido que el del gas.

✓ Recuerda purgar el aire de los radiadores al menos una vez al año, al comienzo del invierno.

✓ No cubras los radiadores.

✓ Los ventiladores de techo sirven también para distribuir el calor hacia abajo, pues el aire caliente tiende a subir. Generalmente cuentan con dos posiciones verano/invierno.

✓ Una ducha consume 4 veces menos agua y energía que un baño. Y más aún si cierras el agua mientras te enjabonas y reduces el caudal.

- ✓ Ten cuidado con no dejar los grifos monomando totalmente en la posición de agua fría, podemos estar provocando un continuo accionamiento de la caldera sin darnos cuenta.
- ✓ En invierno pon el termostato de la calefacción entre 20 y 22 grados. El uso de un programador te ayudará a evitar el consumo innecesario cuando no haya nadie en casa o por las noches.
- ✓ Viste abrigado en invierno: batas, jerseys, sueters, zapatillas de andar por casa cálidas…
- ✓ A la hora de adquirir o construir una vivienda ten en consideración su orientación. Cuantas más horas de luz tengas menos gastarás en calefacción.
- ✓ Desconecta la calefacción cuando no haya nadie en casa y por la noche. Invierte en un buen nórdico.
- ✓ Un correcto mantenimiento de tu caldera puede ahorrarte hasta un 15% de energía.
- ✓ Los colores claros en azoteas, tejados y fachadas reflejan la radiación solar, evitando el calentamiento de las zonas interiores, por lo que son convenientes en el sur, mientras que con los colores oscuros sucede lo contrario, por lo que interesan en el norte.
- ✓ Instala toldos en las ventanas donde incida más el sol. Ahorrarás hasta un 30% en el aire acondicionado.
- ✓ Para el aire acondicionado una temperatura de 26º es suficiente. En cualquier caso no es saludable una diferencia de temperatura con el exterior de más de 12º.

Leyendas urbanas del ahorro:

➢ **Los paneles reflectantes para radiadores:** se trata unas láminas metálicas que según cierta organización de consumidores nos permiten ahorrar hasta un 20% en calefacción. Olvídate, no sirven. Si quieres saber por qué te recomiendo este post de Nergiza: http://nergiza.com/paneles-reflectantes-para-radiadores-ahorran-energia/

➢ **Emisores térmicos de bajo consumo:** sencillamente son un engaño. La eficiencia térmica de todos los aparatos de calefacción eléctricos de resistencia es la misma. Da igual si llevan ventilador, aceite, "gel de grafeno", calor azul, amarillo o verde esperanza: todos a igualdad de potencia gastan lo mismo y dan la misma cantidad de calor. ¿No te lo crees? Según el efecto JOULE 1.000 watios eléctricos se transforman en 860 Kilocalorías de calor, siempre. Echa un vistazo a este artículo: http://ahorrarcadadiaconloselectrodomest.blogspot.com.es/2014/10/que-eficiencia-energetica-tienen-los.html

Trucos para ahorrar electricidad

En España pagamos el kWh más caro de toda Europa y el encarecimiento de la factura de la luz en los últimos años está siendo brutal. Pero lamentarnos no va a hacer que se reduzca nuestra factura. Veamos cosas que sí harán que pagues menos:

- ✓ Aprovecha la luz del día y descansa por la noche. Además de ahorrar, evitaremos un desajuste en los niveles de melatonina y nuestro reloj biológico.
- ✓ Los cargadores modernos apenas consumen electricidad si los dejas enchufados cuando no los usas (unos céntimos al año), aún así es recomendable desconectarlos para alargar su vida útil. Los más antiguos (y pesados) tienen un consumo mayor.
- ✓ Desconecta los aparatos que quedan en stand-by como el televisor, el equipo de música o el DVD, especialmente los equipos menos modernos que tienen un consumo elevado en "modo espera". Puedes ayudarte de una regleta para hacerlo más fácil.
- ✓ A la hora de adquirir nuevos electrodomésticos fíjate en su eficiencia energética y haz balance entre su precio de adquisición y consumo eléctrico durante su vida útil. Un electrodoméstico de clase A consume un 55% de energía que otro de tipo medio, el del tipo A+ un 68 %, y el de tipo A++ un 70% menos.

✓ Consulta los *'Plan Renove'* de tu comunidad autónoma cuando vayas a renovar algún electrodoméstico.

✓ No dejes luces encendidas en habitaciones vacías (tampoco tubos fluorescentes), ni la TV ni ningún otro electrodoméstico si no lo estás usando.

✓ Reduce la potencia contratada en caso de que tengas de sobra, así ahorrarás en el término fijo de la factura.

✓ Consulta si tienes derecho al 'Bono Social' (familias numerosas o con todos sus miembros en paro, personas mayores y para todo aquél con una potencia contratada inferior a 3 kW).

✓ Reduce el brillo o activa el modo ECO en TV y monitores. Ahorrarás y no se te cansará tanto la vista.

✓ Sustituye tus bombillas por LED según vayan dejando de funcionar. Tienen un consumo mucho más bajo y mayor durabilidad.

Leyendas urbanas del ahorro:

➢ **Ahorradores de energía.** Prometen reducir nuestra factura eléctrica un 20% con sólo ponerlos en cualquier enchufe de nuestra casa. Su premisa es que compensan la energía reactiva mediante condensadores. Si bien tienen sentido en el mercado industrial, en el particular la energía reactiva no se factura por lo que NO sirven.

➤ **Poner un fondo negro en el PC.** Hace unos años hubo una gran leyenda urbana que hablaba de los miles de millones de toneladas de CO_2 que se podría ahorrar si Google sustituyera el fondo blando de su buscador por uno negro. En torno a la leyenda muchos comenzaron a usar fondos de pantalla negros, temas oscuros y demás parafernalia. ¿Lo cierto? En Techlogg analizaron el consumo de 27 monitores de los cuales en 23 el consumo no solo no se redujo sino que aumentó al usar fondos oscuros.

➤ **Dejar los fluorescentes encendidos.** Está muy generalizada la creencia de que es preferible no apagar los fluorescentes y las bombillas de bajo consumo si va a ser por poco tiempo, pues al encenderlas tienen un consumo superior a causa del cebador. Si bien esto último es cierto, la cantidad de tiempo es tan insignificante que lo recomendable es apagarlos siempre. En el caso de los fluorescentes a partir de 23 segundos ya se compensa el supuesto ahorro de haberlo apagado. Con el resto de bombillas el tiempo es aún más insignificante, por lo que en la práctica compensa apagar todas las luces siempre.

Frigorífico:

- ✓ Es el electrodoméstico que más gasta de lejos, pues está funcionando el 100% del tiempo, y por tanto el que tiene mayor importancia que tenga un consumo reducido.
- ✓ En el momento de comprar o renovar el frigorífico fíjate en su consumo de KWh/año (aparece en la etiqueta de eficiencia energética). No compres un equipo más grande del necesario.
- ✓ El hielo y la escarcha son aislantes y dificultan el enfriamiento en el interior del frigorífico. La mayoría de modelos actuales son no-frost (no generan escaracha). Si el tuyo no cuenta con esta función descongela antes de que acumule más de 3 milímetros de hielo, ahorrarás hasta un 30% de energía.
- ✓ No introduzcas alimentos calientes en la nevera. Si por el contrario tienes que sacar algo del congelador es buena idea dejarlo en la nevera descongelándose. Evita dejar la puerta abierta mucho tiempo.
- ✓ La temperatura adecuada es de 5° y la del congelador de -18°. Cada grado centígrado de frío supone el aumento del 5% en consumo de energía.
- ✓ Mantén la parte trasera del frigorífico siempre limpia y ventilada.
- ✓ Sitúalo lejos de los focos de calor. Instalados en malas condiciones pueden consumir hasta un 15% más de energía.
- ✓ Comprueba que las gomas de las puertas están en buenas condiciones y hacen un cierre hermético, sin escapes de frío.

Horno y vitro:

✓ La forma más económica de cocinar es el microondas junto a la placa de inducción. Esta última es más eficiente (70% de rendimiento térmico) respecto a la vitrocerámica convencional o cocina de gas (sobre el 50% ambas), y en el momento de escribir este libro el precio por kWh es similar.

✓ Para calentar pequeñas cantidades de alimento, por ejemplo un vaso de leche, hacerlo en el microondas consume hasta una cuarta parte de lo que gastaría una vitrocerámica.

✓ Desconecta el horno y la vitrocerámica varios minutos antes, con el fin de aprovechar el calor residual, y/o cocina varios platos sucesivamente sobre el mismo fuego.

✓ Emplea las cacerolas o sartenes más pequeñas que te sirvan y sitúalas en la zona de cocción adecuada (del mismo diámetro o menor que el recipiente).

✓ Utiliza tapaderas, la olla exprés y corta la comida en trozos más pequeños. Así además de dinero ahorrarás tiempo.

✓ Evita abrir el horno siempre que sea posible para que no se escape el calor.

✓ Desconecta la vitrocerámica completamente. desde el cuadro de luz si es necesario. Es uno de los electrodomésticos que más pueden consumir en stand-by.

Ahorro extra:

Date de baja del gas natural: Como ya hemos visto es más económico cocinar con vitrocerámica de inducción que con gas natural; para calefacción la bomba de calor; y para el agua caliente las placas de energía solar térmica, aunque si no dispones de ellas cualquier sistema será más económico que pagar los costes fijos del gas natural (término fijo, alquiler de contador, revisiones obligatorias...)

Algo a tener en cuenta si vamos a adquirir o renovar alguno de esos elementos.

Lavavajillas y lavadora:

- ✓ El 90% del consumo es para calentar el agua. Utilice un programa de lavado ECO, con agua fría o templada, que suele ser suficiente con los detergentes actuales.
- ✓ Las lavadoras y lavavajillas bitérmicos además de la toma de agua fría tienen otra de agua caliente. Disminuyen hasta un 25% de tiempo de lavado ya que no tienen que calentar el agua pero el ahorro económico es mínimo (interesa si nuestra vivienda cuenta con placas solares para agua caliente).
- ✓ Aprovecha bien cada lavado llenándolos todo lo posible. Pero cuidado con sobrecargar la lavadora, muchas averías tienen ese origen.
- ✓ No utilices más detergente del recomendado por el fabricante. De hecho puedes usar un poco menos con igual resultado.
- ✓ Centrifugar ahorra mucha más energía que usar la secadora.
- ✓ En la actualidad los detergentes, sean sólidos o líquidos, llevan incorporados correctores de la dureza del agua, tanto en lavadoras como en lavavajillas, por lo que no es necesario el uso de exapolifosfato trisódico (Calgón)
- ✓ Revisa los bolsillos de la ropa antes de lavarla.

Leyendas urbanas del ahorro:

➢ Lavando los platos a mano con agua caliente no ahorras, al contrario, supone un 40% más de consumo que con el lavavajillas, además de gastar más agua. Lava a mano sólo si no puedes llenar el lavavajillas.

➢ Ecobolas: prometen un ahorro en detergente o incluso poder prescindir de su uso, sin embargo un estudio de la OCU concluyó que tienen un impacto nulo: <u>lavar con ecobolas y sólo con agua dio los mismos resultados</u>. Además suponen un riesgo ya que si se rompen pueden ocasionar una importante avería en el bombo de la lavadora.

Cárgate las pilas

Podemos encontrar packs de un cargador y 4 pilas por 15 euros o incluso menos. Cada pila recargable tiene un ciclo de vida de 1000 recargas (teóricas) que equivaldrían a 4000 pilas normales, a un precio de 1,5€ el pack de 4 nos saldrían por 1500 euros. Si lo comparamos con los 15€ más el coste eléctrico: (2,7Ah * 1,5V * 1000 recargas * 0,00012€ por vatio hora * 4 pilas = 1,94€) suman menos de 17 euros.

Esto significa que con un cargador de pilas tenemos un ahorro potencial aproximado de 1483€ a lo largo de su vida útil. Si nos ponemos escépticos podemos decir que cabe la posibilidad de que el cargador se averíe antes, sin embargo nos movemos en unos márgenes en que el ahorro es abismal y evidente.

Tipos de cargadores y pilas

En el mercado básicamente existen dos tipos de cargadores: los normales o nocturnos que completan la carga de las pilas en unas 8 horas; y los rápidos o ultra-rápidos con tiempos de carga de 5 y 1 hora respectivamente. Estos últimos tienen la ventaja de ser "inteligentes", comprueban el nivel de carga y cortan la corriente automáticamente cuando se completa sin que el usuario tenga que estar pendiente.

En cuanto a pilas se comercializan de distinta capacidad, medida en mAh, y diferente composición, NiCd o NiMH. Las de NiCd (níquel cadmio) son de una tecnología antigua, tienen "efecto memoria" y además el cadmio es altamente tóxico. Las de NiMH (níquel-metalhidruro) tienen mayor capacidad y vida útil, además de no tener efecto memoria (que haría que la pila se fuera deteriorando si no realizamos cargas y descargas completas).

Hay que tener en cuenta que las pilas recargables se descargan con el tiempo (aunque no se utilicen), pudiendo perder hasta un 1% de carga cada día, por lo que si las vamos a usar por ejemplo en el mando de la TV terminarán por descargarse más por el paso del tiempo que por el uso. Para estos casos existe una variante de pilas recargables **NiMH LSD** (Low Self-Discharge o lo que es lo mismo, de baja auto-descarga) que prometen retener al menos el 70% de la carga en un año, por lo que son ideales para mandos a distancia. Cada fabricante las denomina de una manera aunque las más famosas son las Eneloop de Panasonic.

En definitiva las pilas recargables son más cómodas, más ecológicas y más económicas ¿qué más se puede pedir?

Ahorra al comprar un móvil

- ✓ Compra un móvil libre para poder cambiar de compañía, tarifa o pasar de prepago a contrato según tus necesidades vayan cambiando con el paso del tiempo.
- ✓ Los modelos recién salidos al mercado y los top-gama son para los frikis. La mejor relación calidad/precio se encuentra en la gama baja-media tras unos meses después de su puesta en venta.
- ✓ En el mercado de segunda mano se encuentran auténticas gangas, pero cuidado con los timos. Exige siempre la factura de compra para evitar adquirir un móvil robado que terminará bloqueado o tendrás que devolver. Si es posible siempre trato en mano y tomándote tu tiempo para examinarlo y probarlo.
- ✓ Adquiere un modelo cuyo fabricante históricamente cumpla con las actualizaciones de software.
- ✓ Mejor un móvil al que puedas reemplazar la batería. Suele ser lo primero que deja de funcionar bien con el tiempo.
- ✓ Aguanta tu móvil durante más tiempo. Una persona que cambie su móvil de gama alta (600€) cada 2 años, en 10 habrá gastado 3.000€. Alguien que compre un gama media después de que baje de precio o de segunda mano (150€) y lo aguante 5 años, habrá gastado 300€, ¡Son 2.700€ de diferencia!

Trucos para ahorrar en la factura del móvil

- ✓ Compara tarifas. Ayúdate con un comparador, pero completa el trabajo con los operadores que no aparezcan.
- ✓ Lo importante no es lo que pagues por minuto o Mb sino lo que terminarás pagando al mes, según tu consumo.
- ✓ Las mejores ofertas por desgracia se consiguen haciendo amagos de baja o portabilidad. Dedícale unos minutos y mira en foros especializados qué puedes conseguir.
- ✓ No te dejes seducir por tarifas planas súper-completas, contrata sólo lo que realmente necesites.
- ✓ Aprovecha las redes Wifi de tu casa, del trabajo, públicas...
- ✓ Da de baja el buzón de voz y pide a los demás que hagan lo mismo.
- ✓ Solicita a tu compañía que restrinja las suscripciones premium y las llamadas a números de tarificación especial. Si vives cerca de la frontera con otro país también es recomendable desactivar el roaming.
- ✓ Si te roban el teléfono o lo pierdes llama de inmediato a tu compañía para desactivar temporalmente la línea.
- ✓ Evita usar los números de información telefónica, puedes obtener la misma información gratis en Internet.
- ✓ No llames a números 90X, tienen un alto coste y generalmente siempre existe un teléfono fijo equivalente. Búscalo en nmn900.com

Trucos para ahorrar agua

✓ Dúchate en vez de bañarte.
✓ No compres agua embotellada, bebe agua del grifo.
✓ Cuidado con grifos que gotean o una cisterna averiada, pueden darte un buen susto en la factura.
✓ No uses el W.C. como si fuera una papelera.
✓ El lavavajillas emplea menos agua que lavar los platos a mano.
✓ No descongeles dejando correr el agua bajo el grifo, pon el tapón.
✓ Utiliza la lavadora y el lavavajillas sólo cuando estén llenos.
✓ Recoge y aprovecha el agua fría que precede a la caliente cuando vas a ducharte.
✓ Cierra el paso de agua en la ducha mientras te enjabonas.
✓ No dejes correr el agua mientras te afeitas. Pon el tapón del lavabo.
✓ Cierra el paso de agua mientras te cepillas los dientes. Utiliza un vaso para enjuagarte la boca.
✓ Ten localizada la llave de paso para poder cortar el agua en caso de avería.
✓ Aprovecha el agua que vierte el sistema de aire acondicionado.

Si te ha gustado este libro haz un "me gusta" en la página de Facebook y comparte los trucos de ahorro que publicamos: www.facebook.com/ahorraysefeliz

Por último si crees que el contenido de este libro es interesante y puede ayudar a otras personas te agradecería que dejases una breve valoración en Amazon.

¡Muchas gracias!